Michaela Merten · Pierre Franckh

DIE 12

GLÜCKS BRINGER

INHALT

Michaela Merten und Pierre Franckh

VON DER SUCHE NACH DEM GLÜCK – ODER WIE DIESES BUCH ENTSTANDEN IST

E s war ein schöner sonniger Tag, wir saßen auf der Terrasse und philosophierten darüber, wie wir es als Menschheit schaffen könnten, dauerhaft glücklich zu sein, in Harmonie mit uns und unserer Umwelt zu leben, friedlich und respektvoll miteinander umzugehen, empathisch und tolerant zu sein.
So weit, so gut?
Stattdessen, so stellten wir fest, befindet sich die Menschheit in einer Art Dauerkrise. Dabei sollten wir doch grundsätzlich glücklich sein, oder? Wir – in der sogenannten zivilisierten Welt – haben doch scheinbar alles, was es zum Glücklichsein braucht: ein Dach über dem Kopf, genug zu essen, Arbeits- und Freizeitmöglichkeiten,

Zugang zu Bildung und so weiter. Und dennoch jammern, meckern und beklagen wir uns fast ununterbrochen.

Haben wir Menschen einen Hang zum Unglücklichsein? Wollen wir im Grunde genommen gar nicht glücklich sein? Ist es eine Utopie, eine Illusion, das Glück dauerhaft halten zu wollen? Sind wir in einer Art »Sehnsuchtsschleife« gefangen, in der es sich besser anfühlt, das Ziel nie zu erreichen?

Ist Unzufriedenheit etwa eine Taktik der Evolution – wie die berühmte Karotte vor der Nase des Esels –, damit wir uns weiterentwickeln?

Für unsere Vorfahren – die Neandertaler – war es nützlicher zu wissen, ob etwas in ihrem Umfeld Gefahr bringt, als dass es angenehm friedlich ist. Der Frieden konnte nämlich ganz schnell vorbei sein, wenn wilde Tiere am Horizont auftauchten, das Wetter sich dramatisch verschlechterte oder die Jagdgründe erschöpft waren. Der Teil unseres Gehirns, der Gefahren ausmacht, war damals für unser Überleben sehr wichtig. In der heutigen Zeit ist unsere Ureigenschaft, immer auf das möglicherweise Bedrohliche zu schauen, nur noch bedingt von Vorteil. Solange wir wie hypnotisiert auf den uns umgebenden Horizont starren, um Gefahren rechtzeitig zu erkennen, versäumen wir zu einem guten Teil das richtige Leben. Brauchen wir eher eine »Anleitung zum Unglücklichsein«, wie sie Paul Watzlawick schon in den 1980er-Jahren schrieb, als eine Anleitung zum Glücklichsein? Sind wir vielleicht sogar süchtig danach, ständig das Negative zu suchen und demnach natürlich auch zu finden? Das berühmte »Haar in der Suppe«? Wir begeben uns mit einer fast schlafwandlerischen Sicherheit in Situationen, die uns den letzten Nerv rauben, Streit hervorrufen, Familien auf Jahre hin trennen und generell krank machen können. Wenn man sich die Lebewesen der Schöpfung ansieht, dann ist der Mensch die einzige Spezies, die sich mit einem einzigen Gedanken glücklich oder unglücklich machen kann.

In diesen Zusammenhang passt das Bild der zwei Pfeile, mit dem Buddha gern lehrte: Ganz gleich, welcher Schmerz uns quält, körperlich oder seelisch, es ist wie ein Pfeil, der uns trifft. Doch statt diesen Schmerz einfach wahrzunehmen und allmählich abklingen zu lassen, bohren wir selbst uns einen zweiten Pfeil ins Fleisch. Dieser zweite Pfeil ist unser Widerstand, unsere Ablehnung, unsere Bewertung und unser Ringen gegen den Schmerz des ersten Pfeils. Wir sind voller Anspannung – und potenzieren und verlängern dadurch den Schmerz.

»Ich will die Menschen glücklich machen!«

Wenn wir es nun schaffen würden, uns mit dem ersten Pfeil zu entspannen, und den Schmerz ohne Bewertung annehmen könnten, dann träfe uns überhaupt kein zweiter Pfeil. Und der Schmerz des ersten ließe schneller nach. Ist das nicht wundervoll? Ein Weg zum Glück? Wo wir unsere Aufmerksamkeit hinlenken, wird das Thema größer und größer. Und das kann die Seite des Leids sein – oder die des Glücks.

Und da sitzen wir nun auf unserer Terrasse, seit über zwanzig Jahren Mentaltrainer, Gründer einer Internetplattform mit dem Hauptaugenmerk auf Glücksforschung, Positiver Psychologie und Persönlichkeitsentwicklung und dem schönen Namen Happiness

House, und stellen uns aufs Neue die Frage nach dem Glück und wohin die Aufmerksamkeit gelenkt werden sollte.

In diesem Augenblick werfe ich (Michaela) die Arme in die Höhe und rufe in den blauen Himmel hinauf: »Ich will die Menschen glücklich machen!«

Dieser Ausruf meines tiefsten Wunsches führte dazu, dass ein Glücksmomentum entstand, das weiterwirbelte und alle um uns herum erfasste. Wir sprachen den GU-Verlag an, viele Experten, unser Team – und jeder, der gefragt wurde »Willst du gemeinsam mit uns die Menschen wieder glücklich machen?« hat sofort »Jaaaaaa! Juhuuuuuu!« gesagt. Und so begann unsere Reise, die dieses Buch hervorbrachte.

Vom Neandertaler zum Glücksfinder

Die Suche nach dem Glück ist so alt wie der denkende Mensch selbst. In jeder Epoche der Menschheit und allen Gesellschaftsformen hat man sich an dieser fundamentalen Frage nach dem Glück die Köpfe heißgeredet, Hunderte von Büchern geschrieben und Studien verfasst. Daraus wurden verschiedene Geistesschulen etabliert, Weltbilder geformt und Wissenschaften gegründet. Sind wir dem Glück ein Stückchen näher gekommen? Oder haben wir uns noch weiter davon entfernt? Werden wir den Entwicklungssprung zum wirklich glücksfähigen Menschen schaffen? Zu einem Menschen, der aufs Positive schaut und offen für die Veränderungen des Lebens ist? Der Ja zu sich selbst und seinem Umfeld sagt? Der empathisch ist, Verständnis für alle aufbringt und ein authentisches Leben lebt? Zu einem Menschen, dem das Miteinander wichtiger ist als die Trennung? Der Zugang zu der Weisheit und zu der Wahrheit seines Herzens hat und zutiefst begreift, dass wir uns in eine positive Zukunft hineindenken sollten, wenn es mit uns als menschlicher Spezies weitergehen soll?

Wo stehen wir heute? Wo ist die stärkende Vision einer Glück bringenden Zukunft? Wo ist die Freude geblieben, die Motivation, die Inspiration, die spielerische Leichtigkeit des Seins? Wofür entscheiden wir uns, als Individuen und als Gemeinschaft, die nur ein gemeinsames Zuhause haben: unsere Erde?

*Schaffen wir es, zu Freudebringern, Enthusiasmus-
gebern, Glücksgestaltern, Dankbarkeitsträgern
und Liebenden zu werden? Liebevoll in Gedanken,
Worten und Taten? Immer das Verbindende findend
und das Trennende durch Herzensbegegnungen heilend?
Die Welt und uns umarmend und den Herzschlag
der Schöpfung spürend?*

Schaffen wir es, vollkommen im Einklang, also kohärent mit uns selbst zu sein, mit dem Leben und der ständigen Veränderung? Finden wir den »Flow-Zustand« als Dauerabonnement?

Mitten in einer Zeit von weltweit enormen Veränderungen luden wir uns für dieses Buch Gäste ein. Vordenker, Experten, Glücks-sucher, Glückslehrer und Glücksbringer. Ärzte, Neurowissenschaft-ler, Psychologen, Influencer. Ganz einfach Menschen, denen diese Fragen und die möglichen Antworten darauf keine Ruhe lassen. Menschen, denen das Wohlbefinden, der »Faktor Glück« für unsere Gesellschaft und jede und jeden Einzelnen wichtig und zur Herzensangelegenheit geworden ist.

Doch ist es überhaupt möglich, dauerhaft glücklich zu sein? Und falls ja, wie geht das? Ist es vielleicht sogar der Sinn des Lebens, einfach glücklich zu sein?

Wir begeben uns ganz bewusst wieder »zurück auf Anfang«, öffnen unsere Augen, als ob es das erste Mal wäre, dass wir unser Umfeld betrachten, und schauen mit offenem Herzen in eine Welt voller wundersamer Veränderungen. Kommst du mit?

Viel Freude mit unseren Glücksbringern!

Michaela Merten & Pierre Franckh sind Stern-, Spiegel- und Focus-Bestsellerautoren. Sie gehören zu den erfolgreichsten Top-Coaches im deutschsprachigen Raum. Die Auflagen ihrer Bücher übersteigen 3,5 Millionen, erfreuen sich seit Jahrzehnten steigender Beliebtheit und wurden in mehrere Sprachen übersetzt.

Gemeinsam haben sie die Online-Academy & Community: Happiness House – Erlaube dir glücklich zu sein gegründet. Eine Plattform für Persönlichkeitsentwicklung, mit dem Fokus auf Positive Psychologie und Erkenntnissen aus der Glücksforschung.

Michaela Merten arbeitet zudem auch als Meditations- und Achtsamkeitstrainerin in der Wirtschaft und hat eine eigene Methodik zur Arbeit mit dem »Inneren Kind« entwickelt.

www.Happiness-House.de
www.Michaela-Merten.de
www.Pierre-Franckh.de

Prof. Dr. Gerald Hüther

WESHALB DIE WAHRUNG DER EIGENEN WÜRDE GLÜCKLICH MACHT

Kein anderes Lebewesen verändert seinen eigenen Lebensraum und seine eigenen Lebensbedingungen so grundlegend, so nachhaltig und inzwischen auch so rasch wie wir Menschen. Unsere Spezies ist daher die einzige Art, die nur überleben kann, indem sich ihre Mitglieder selbst unentwegt weiterentwickeln. Und als Menschen tatsächlich weiterentwickeln – also die in uns angelegten Potenziale entfalten und nicht nur ständig neue Technologien und Überlebensstrategien erfinden – können wir nicht jeder für sich und als Einzelkämpfer. Das gelingt nur gemeinsam. Wenn wir also auf diesem Planeten überleben wollen, müssen wir lernen, unser Zusammenleben konstruktiver als bisher zu gestalten: miteinander statt gegeneinander, verbindend statt trennend, achtsam statt rücksichtslos.

Dass unser Gehirn nicht durch genetische Anlagen programmiert wird, sondern zeitlebens umbaufähig, also lernfähig bleibt, ist eine atemberaubende Erkenntnis. Sie stellt all jene Vorstellungen radikal auf den Kopf, die wir bisher als Rechtfertigungen für das Misslingen der Bemühungen um Veränderungen und Weiterentwicklungen nicht nur in unseren Bildungseinrichtungen, auch in Politik und Wirtschaft und vielen anderen Bereichen unserer Gesellschaft verantwortlich gemacht haben. Aber wirklich bemerkens- und bedenkenswert ist nicht diese neue Erkenntnis der lebenslangen Umbau- beziehungsweise Lernfähigkeit des menschlichen Gehirns, sondern der Umstand, wie langsam sie sich ausbreitet, wie zögerlich sie von den meisten Menschen angenommen, ernst genommen und deshalb auch umgesetzt wird. Denn die wichtigste Schlussfolgerung aus der Erkenntnis der lebenslangen Plastizität des menschlichen Hirns lautet doch zwangsläufig: Es gibt bei uns keine biologischen Anlagen mehr, die uns zu dem machen, was wir sein könnten. Wir müssen selbst herausfinden, worauf es im Leben ankommt und wie es gelingen kann, ein glücklicher Mensch zu werden. Und danach sind wir alle auf der Suche, überall auf der Welt.

Können wir uns unterwegs auch verirren?

Für die meisten Menschen beginnt diese Suche nach dem Glück allerdings nicht in ihrem Inneren, bei sich selbst, sondern draußen, bei den anderen. Die meisten wollen gesehen und beachtet werden und versuchen deshalb, ihr Leben so zu gestalten, dass sie möglichst viel von dem erreichen, was sie in den Augen all jener,

PROF. DR. GERALD HÜTHER

die ähnlich unterwegs sind, bedeutsam macht: Einfluss, Macht und Reichtum in allen Facetten. Solange sie sich so sehr darum bemühen und dabei einigermaßen vorankommen, verstärken und verfestigen sich die dafür und dabei in ihren Gehirnen aktivierten neuronalen Verschaltungsmuster. So bekommen sie ein Hirn, mit dem sie immer besser in der Lage sind, ihre eigenen Positionen zu stärken und sich auf Kosten anderer durchzusetzen. Am erfolgreichsten beschreiten diesen Weg all jene, die schon sehr früh und deshalb besonders nachhaltig gelernt haben, andere möglichst geschickt zu Objekten ihrer jeweiligen Ziele und Erwartungen, ihrer Belehrungen und Bewertungen, ihrer Maßnahmen und Anordnungen zu machen.

So kann man leben, aber sich als Persönlichkeit weiterentwickeln, seine Würde bewahren, achtsam sein, dauerhaft glücklich oder gar ein liebevoller Mensch werden kann man weder, indem man andere in dieser Weise benutzt, noch, indem man gar sich selbst von anderen in dieser Weise für die Durchsetzung von deren Interessen benutzen lässt.

Machen wir uns gegenseitig zu Objekten unserer jeweiligen Absichten – oder begegnen wir einander als Subjekte? Das entscheidet über das Gelingen, im Persönlichen wie in der Gesellschaft.

Um unser Zusammenleben so gestalten zu können, dass es uns selbst und den anderen guttut, bedarf es nur einer winzig kleinen Veränderung: Wir dürften uns nicht länger gegenseitig zu Objekten unserer jeweiligen Interessen und Absichten, unserer Erwartungen und Bewertungen und unserer Belehrungen und Maßnahmen machen. Stattdessen könnten wir versuchen, einander als Subjekte zu begegnen. Dazu müssten wir bereit und in der Lage sein, uns selbst als autonome Personen zu zeigen, in all unserer Verletzbarkeit, mit unseren tiefsten Bedürfnissen, mit der ganzen Vielfalt von Erfahrungen, die jeder und jede von uns gemacht hat und die unsere Einzigartigkeit ausmachen. Und genau so müssten wir dann auch jeden anderen Menschen betrachten und ihn zu erkennen versuchen: als autonome Person, die genau wie wir selbst als Suchende in einer Welt unterwegs ist, in der man sich nur allzu leicht verirren kann.

Was bringt uns dazu, Irrwege einzuschlagen und uns gegenseitig unglücklich zu machen?

Die Arbeitsweise des menschlichen Gehirns und damit auch seine innere Organisation und Strukturierung wird von einem ziemlich banalen Grundprinzip bestimmt: Energie sparen. Das gilt für alle lebenden Systeme, also für einen Zellverband, einen Organismus, eine soziale Gemeinschaft oder ein Ökosystem. Sie alle gehorchen dem Zweiten Hauptsatz der Thermodynamik und müssen deshalb versuchen, den zur Aufrechterhaltung ihrer Funktionsfähigkeit und ihrer Integrität erforderlichen Energieverbrauch so gering wie möglich zu halten. Sonst zerfallen sie.

Der Zustand, in dem ein Gehirn, ein ganzer Mensch und auch eine menschliche Gemeinschaft am wenigsten Energie verbraucht, heißt Kohärenz. Der ist dann erreicht, wenn dort alles optimal zusammenpasst. Das Problem ist nur: Dieser Zustand ist leider nicht erreichbar. Denn solange wir am Leben sind, wird jeder ein-

mal erreichte kohärente Zustand, in dem alles wie schon so lange
ersehnt endlich zusammenpasst – und wir endlich richtig glücklich
sind –, über kurz oder lang wieder infrage gestellt.

Immer gibt es oder passiert etwas, das diese Kohärenz stört. Das
wird dann schnell unbequem, wir haben ein Problem, der bis dahin
erreichte Ordnungszustand kommt durcheinander, die Nervenzellen beginnen unkoordiniert zu feuern. Arousal nennen das die
Hirnforscher und das ist nur ein anderer Ausdruck für eine sich
ausbreitende und viel Energie verbrauchende Inkohärenz. Dann
geht es uns nicht gut, wir beginnen nach einer Lösung zu suchen,
und wenn wir die finden und die Herausforderung bewältigen,
wird dieser inkohärente, energieaufwendige Zustand im Hirn
wieder etwas kohärenter. Die dabei freiwerdende Energie wird
benutzt, um Zellgruppen im Mittelhirn zu aktivieren (die nennen
die Hirnforscher gern »Belohnungszentrum«). Die dort freigesetz-
ten Botenstoffe aktivieren ähnliche Netzwerke wie Kokain und
Heroin. Und das erzeugt ein gutes Gefühl (»Erfolgserlebnis«).

*Unser Gehirn strebt nach Kohärenz – ein Zustand,
in dem wir uns wohlfühlen.*

Gleichzeitig stimulieren diese Botenstoffe die Freisetzung von
Wachstumsfaktoren, also von Eiweißen, die wie Dünger auf
Nervenzellen wirken und sie zur Neubildung von Fortsätzen und
Kontakten anregen. So werden all jene Nervenzellvernetzungen
verstärkt und ausgebaut, die sich als geeignet erwiesen haben,
diesen inkohärent gewordenen Zustand wieder etwas kohärenter

zu machen. Wir haben also ein Problem bewältigt und die dabei aktivierten Nervenzellvernetzungen im Gehirn sind dabei verstärkt worden. Deshalb klappt das so gebahnte Verhaltensmuster dann beim nächsten Mal schon deutlich besser.

Aber die Lösung, die wir gefunden haben, muss nicht zwangsläufig auch eine tragfähige, uns auch langfristig glücklich machende Lösung sein. Sehr gut verdeutlichen lässt sich das anhand der Lösungen, die viele Menschen, oft schon während ihrer Kindheit, finden, um die massivste Störung, also die stärkste Inkohärenz, die wir Menschen erleben können, wieder etwas kohärenter zu machen. Eine solch massive Inkohärenz entsteht immer dann im Gehirn, wenn wir von anderen Personen eben zum Objekt von deren Interessen und Absichten, Belehrungen und Bewertungen, Maßnahmen und Anordnungen gemacht werden. Oft geschieht das schon in der Herkunftsfamilie, spätestens aber in der Schule. In der Ausbildung und im Beruf geht es dann so weiter.

Welche »Lösungen« machen langfristig unglücklich?

Und die Lösung, die die meisten von uns dann für dieses tief greifende Problem schon als Heranwachsende gefunden haben, heißt entweder: »Wenn du mich zum Objekt machst, mache ich das auch mit dir.« Sie lernen dann immer besser, andere zur Verwirklichung ihrer Absichten und Ziele »vor ihren Karren zu spannen«. Eine andere Möglichkeit, um den Schmerz einer solchen Erfahrung zu überwinden, besteht darin, dass man sich selbst zum Objekt seiner Bewertungen macht und sich sagt: »Ich bin nicht gut genug«, »Ich kann kein Mathe« und so weiter. Wer diese Lösung wählt, leidet dann oft ein Leben lang an diesen eigenen negativen Selbstbewertungen.

Leider bleiben manche Personen zeitlebens in einem dieser beiden Lösungsmuster stecken. Sie erfüllen ihre jeweiligen Objektrollen, entwickeln sich aber als lebendige Menschen nicht weiter und verlieren dabei ihre angeborene Entdeckerfreude und Gestaltungslust. Und sie sind dabei zutiefst unglücklich.

Kann jemand, der sich unterwegs verirrt hat, das Glück im Leben auch wiederfinden?

Das menschliche Hirn ist zeitlebens umbaufähig und es ist nie zu spät, sich aus einmal gebahnten Mustern des eigenen Denkens, Fühlens und Handelns zu lösen und wieder zu einem selbstverantwortlichen, selbstbestimmten Subjekt zu werden.
Sein bisheriges Leben kann niemand ändern. Was vergangen ist, ist vorbei. Aber jeder Mensch kann sich zu jedem Zeitpunkt seines Lebens dafür entscheiden, fortan anders zu leben als bisher. Etwas bewusster vielleicht, auch etwas liebevoller gegenüber sich selbst und auch anderen gegenüber. Mehr im Einklang mit sich und der Natur, zuversichtlicher und auch wieder etwas neugieriger.

*Wir können andere einladen, ermutigen und inspirieren,
sich auf eine neue Erfahrung einzulassen, statt ihnen
zu sagen, was sie und wie sie etwas machen sollen.*

Wir können andere Menschen, statt an ihnen vorbeizugehen, als wären sie Luft, auch anlächeln. Es ist auch nicht so schwer, sich bei allem etwas mehr Zeit zu lassen, die Nahrungsmittel, die wir zu uns nehmen, sorgfältiger auszuwählen als bisher und sich gelegentlich auch körperlich zu betätigen. Wer sich darauf einlässt, beginnt auch wieder, sich zu spüren. Und dann erwacht wieder die Freude am Sichbewegen, am Singen, Tanzen und Musizieren oder am Wandern und Radfahren. Das geht alles, damit kann jeder und jede noch heute beginnen. Und wenn man sich in dieser Weise auf den Weg macht, entwickelt sich – von ganz allein – auch ein anderes Lebensgefühl als bisher. Und damit ändert sich dann auch das Leben von ganz allein. Es wird wieder freudvoller, liebevoller, auch würdevoller als bisher. Und wer anderen mit diesem Gefühl begegnet, wird erleben, wie ansteckend es ist. So ändert sich dann nicht nur das eigene Leben, sondern auch das Zusammenleben mit diesen anderen Personen. Es passt dann alles wieder besser, ist kohärenter geworden. Und das macht uns glücklicher.

Gelingen kann das aber nur selten allein, es geht viel besser zusammen mit anderen, mit denen man sich gemeinsam auf den Weg macht. Bisweilen geschieht es in solchen Begegnungen, dass Menschen einander berühren und dadurch selbst im Inneren berührt werden. Dann beginnen sie, sich selbst zu fragen, was für ein Mensch sie sein wollen und wofür sie das ihnen geschenkte Leben nutzen möchten. Dann lernen sie wieder, achtsam mit sich selbst, mit anderen und vielleicht auch mit der Vielfalt des Lebendigen umzugehen.

Wollen wir nicht alle glücklich leben?

Auch wenn sich das viele Menschen wünschen, so wird sie ein Leben ohne Probleme und Sorgen, mit massenhaft Geld, ständig wachsendem Erfolg und Wohlstand und der Sicherheit, sich jeden Wunsch erfüllen zu können, doch niemals glücklich machen. Denn das Gefühl von Glück kann im Gehirn nur dann entstehen, wenn sich das, was wir im Augenblick erleben, sehr positiv von dem unterscheidet, was wir vorher erlebt haben. Wenn dort ständig »Friede, Freude, Eierkuchen« herrschen würde, hätten wir uns die Tür sogar für das allerwinzigste Glücksgefühl völlig zugerammelt. Diesen von uns allen ersehnten Zustand, in dem wirklich alles zusammenpasst, werden wir niemals erreichen, solange wir noch am Leben sind. Wir brauchen diese ständigen Störungen, diese unangenehme Erfahrung, dass schon wieder etwas nicht passt. Denn es ist nicht der Zustand fortwährender Kohärenz, der uns glücklich macht, sondern die Verwandlung eines inkohärenten Zustandes in einen etwas kohärenteren. Oder etwas poetischer: Nur wer hinreichend stark unglücklich war, kann erleben, wie es sich anfühlt, nun auf einmal glücklich zu sein.

Glück kann im Gehirn nur dann entstehen, wenn sich das, was wir im Augenblick erleben, sehr positiv von dem unterscheidet, was wir vorher erlebt haben.

Manchmal braucht man dazu etwas Glück, beispielsweise einen Lottogewinn. Aber viel glücklicher macht es uns, wenn wir aus eigener Kraft einen Weg finden, der uns hilft, diesen inkohärenten Zustand im Gehirn in einen deutlich kohärenteren umzuwandeln. Dann springen diese Belohnungszentren im Mittelhirn an und dann werden von den dort liegenden Nervenzellen diese besonderen Botenstoffe freigesetzt, die unser Gehirn in einen Zustand versetzen, als hätten wir eine Dosis Kokain und Heroin gleichzeitig eingenommen. Ein durch diese Drogen ausgelöstes Gefühl ist noch kein Glück, sondern nur eine durch diese Substanzen erzeugte, nicht aber durch eine eigene Leistung selbst herbeigeführte Umwandlung einer entstandenen Inkohärenz in etwas mehr Kohärenz. Aha-Erlebnisse hingegen machen uns glücklich, der passende Einfall, die geeignete Lösung für ein schwieriges Problem, eine gut gemeisterte Herausforderung oder eine gelungene Versöhnung nach langem Streit und natürlich ein endlich erreichter Erfolg nach lauter Misserfolgen.

Im Gehirn einer Person, die eine solche Erfahrung machen durfte – und die sie vielleicht auch erst dadurch machen konnte, weil sie sich lange genug dafür eingesetzt hatte –, kommt es zur Freisetzung dieser neuroplastisch wirksamen Botenstoffe, die ähnlich wie ein Dünger auf dem Acker das Auswachsen von Nervenzellenfortsätzen und die Neubildung von Nervenzellkontakten im Gehirn anregen. Wer solch ein Glücksgefühl häufiger erlebt, dessen Gehirn wird auch besser »gedüngt« oder deutlicher: in dessen Gehirn kann das neuroplastische Potenzial besser zur Entfaltung kommen. Das dürfte der Grund dafür sein, dass besonders »aufgeweckte«, kreative junge Leute mit dem, was sie tun, meist auch sehr glücklich sind. »Wer hat, dem wird gegeben«, heißt es in der Bibel.

Was macht glückliche Menschen aus?

Es gibt Menschen, die schon als Kinder, später als Schüler und auch noch als Erwachsene immer wieder die Erfahrung machen, dass ihnen etwas gelingt, was anfangs noch sehr schwierig aussah, oder die immer wieder eine Lösung für ein Problem finden, das sie schon längere Zeit beschäftigte. Solche Personen erleben dann nicht nur den jeweiligen Augenblick des Gelingens als ein Glücksgefühl. Sie entwickeln aus dieser wiederholt gemachten Erfahrung eine besondere innere Einstellung: die eines glücklichen Menschen. Davon gibt es nicht allzu viele.

Solche Personen brauchen weder andere, die sie und ihre Besitztümer bewundern, noch brauchen sie Macht, Einfluss, Reichtum oder irgendwelche Statussymbole, Stellungen oder Positionen, um sich als wertvoll und bedeutsam zu erleben und glücklich zu sein.

Man begegnet glücklichen Menschen häufiger dort, wo das Glück nicht so leicht mit äußerem Erfolg verwechselt wird. Es sind Menschen, die sich ihrer Würde bewusst sind.

Sie verfügen über einen inneren Kompass, der ihr Denken und Handeln leitet, und sie passen auf, dass er ihnen nicht abhandenkommt. Dieser Kompass ist das, was sie als ihre eigene Würde beschreiben. Sie lassen sich von niemandem einreden, was sie noch alles brauchen, um glücklich zu sein. Werbespots, Ratgeber und Angebote für ein besseres Leben empfinden sie als unwürdige Versuche, sie so zu behandeln, als könnten sie nicht selber denken und eigene Entscheidungen treffen. Sich ihrer Würde bewusste Menschen nehmen von anderen auch keine Angebote und Leistungen an, deren Bereitstellung die Würde der Erbringer dieser Angebote und Leistungen verletzt. Sie gehen nicht dorthin, wo Menschen sich für Geld zur Schau stellen, sie besuchen kein Bordell und sie kaufen auch keine Produkte, für deren Herstellung andere Menschen ausgebeutet und ausgenutzt werden. Würdevolle Menschen erleben sich aus sich selbst heraus als bedeutsam. Auch wird niemand, der sich seiner Würde bewusst geworden ist, andere Menschen würdelos behandeln, sie also zum Objekt eigener Absichten, Bewertungen oder gar Maßnahmen machen. Dieses Szenario lässt sich beliebig erweitern, aber bereits diese wenigen Beispiele machen deutlich, wie viel von dem, was uns heute noch alltäglich umgibt und unveränderlich erscheint, sich als nutzlos, unverkäuflich und überflüssig erweisen und daher allmählich verkümmern und verschwinden wird, sobald sich immer mehr Menschen ihrer eigenen Würde bewusst werden. Es sind noch nicht sehr viele, aber es werden immer mehr. Und wenn es uns in Zukunft als Familien, als Nachbarn, als Mitglieder eines Teams gelingt, einander als Subjekte zu begegnen und würdevoll miteinander umzugehen, ist die Entfaltung der in jedem und jeder Einzelnen wie auch der in der betreffenden Gemeinschaft angelegten Potenziale unvermeidbar. Menschen, die so unterwegs sind, können auch Rückschläge aushalten. Sie sind und bleiben tief in ihrem Inneren glücklich.

Gerald Hüther ist Biologe und war als Professor für Neurobiologie in Forschung und Lehre an der Universität Göttingen tätig. Als Sachbuchautor und mit seinen Beiträgen in den Medien ist er zu einem bekannten Verbreiter neurowissenschaftlicher Erkenntnisse in der Öffentlichkeit geworden. Er ist Vorstand der Akademie für Potentialentfaltung. www.gerald-huether.de, www.akademiefuerpotentialentfaltung.de

Robert Betz

*

GLÜCKLICHSEIN IST DEINE BEWUSSTE SCHÖPFUNG

Hast du jemals die bewusste Entscheidung getroffen, dir ein glückliches Leben zu erschaffen? Überlege bitte einen Augenblick… Wenn nicht, dann hast du dich mit hoher Wahrscheinlichkeit für das Gegenteil entschieden – und zwar unbewusst. Die meisten werden diese Behauptung empört oder ein wenig beleidigt zurückweisen nach dem Motto: »So blöd bin ich doch nicht!« Das behaupte ich auch nicht. Unbewusstheit hat nichts mit Dummheit zu tun. Für mich steht jedoch fest, dass die meisten Menschen nicht wissen, was sie tun. Unbewusstheit und Unklarheit sind aus meiner Sicht die ersten Ursachen für die Krisen, Krankheiten, Konflikte und die meisten Mangelzustände in unserem Leben, die fast alle Menschen spätestens jenseits der vierzig vorfinden und die verhindern, dass sie sich glücklich und erfüllt fühlen.

Spätestens seit dem Auszug aus deinem Elternhaus bist du Schöpferin, Gestalter deiner Lebenswirklichkeit. Wer sich dieser Schöpfertätigkeit nicht bewusst ist, der fühlt sich oft als ein Opfer. Sei es als ein Opfer des Lebens selbst oder ein Opfer anderer Menschen, zum Beispiel seines Expartners, seiner Eltern, Geschwister, Kollegen oder Vorgesetzten.

Dein »Schöpfungswerkzeug«

Die wichtigsten »Schöpfungswerkzeuge« für dein erlebtes und empfundenes Glück im Leben sind deine Gedanken, Überzeugungen und Glaubenssätze in Bezug auf drei zentrale Bereiche: in Bezug auf dich selbst, auf das Leben und auf deine Mitmenschen. Was du über dich selbst denkst und glaubst, über dich als Mensch, deinen Wert und deine Talente, deinen Lebenssinn, deinen Körper, deine Gefühle und deine bisherige Biografie – all das strahlst du ständig aus. Ebenso das, was du über das Leben selbst glaubst und über deine Mitmenschen. Kaum einer von uns macht sich jedoch sein Weltbild, sein Menschenbild und sein Selbstbild bewusst. Alles, was du ausstrahlst, was deinen tiefsten (oft unbewussten) Überzeugungen entspricht, das wird vom Leben beantwortet mit dem Satz: »Nach deinem Denken und Glauben geschehe dir!« Oder: »Was du säst, das erntest du.«
Ich will dir hier keinen »Glückshonig« um den Mund schmieren. Lebensglück ist keine Glücksache! Ein erfülltes glückliches Leben ist die Folge von Entscheidungen und bewusst gelebten Haltungen und Werten, das heißt eines ganz bestimmten Bewusstseins und Umgangs mit sich selbst, mit anderen und mit dem Leben. Dies werden die meisten von uns erst am Ende ihres Lebens – oft mit einem Gefühl der Bitterkeit – erkennen. Wie die Menschen in

dem Buch *5 Dinge, die Sterbende am meisten bereuen* der austra-
lischen Hospizschwester Bronnie Ware. Viele von ihnen gaben zu
Protokoll: »Ich wünschte, ich hätte mir erlaubt, glücklicher zu sein.«
Die Autorin schreibt hierzu, dass viele bis zum Lebensende nicht
begriffen, dass Glück eine Entscheidung ist. Sie verharrten in alten
Mustern und Gewohnheiten, bequem im Gewohnten. Das hat ihre
Gefühle und ihr alltägliches Leben dominiert. Aus Angst vor Veränderung machten sie anderen und sich selbst vor, dass sie zufrieden sind, auch wenn sie tief im Innern wussten, wie gern sie mal
wieder so richtig herzlich gelacht hätten.

Lebensglück ist keine Glücksache!

Fragen wir uns zunächst: Was gehört eigentlich zu einem glücklichen Leben oder zu einem Menschen, der sich als glücklich
bezeichnet? Ich persönlich sehe vier Qualitäten als Grundpfeiler
eines glücklich-erfüllten Lebens. Ich nenne sie die 4 F's. Das sind
die FREUDE und Begeisterung, der FRIEDEN und die Zufriedenheit, FÜLLE und Erfüllung und die FREIHEIT. Fühl dich frei, diesen
vier Grundqualitäten für ein glückliches Leben weitere hinzuzu-
fügen. Wer zurzeit keinen gesunden Körper hat, wird vermutlich
Gesundheit und Vitalität hinzufügen. Und auch diese fallen nicht
zufällig vom Himmel, sondern werden in aller Regel von uns selbst
erschaffen und aufrechterhalten.
Um diese Basisqualitäten in uns und in unserem Leben zu erschaffen, haben wir in der Regel viele Möglichkeiten. Das Erste, was du
tun kannst, ist, deine Schöpfer-Verantwortung für dein Leben und

dein Lebensglück zu übernehmen. Dieser innere Akt ist keine Kleinigkeit, sondern ein ganz entscheidender Schritt, etwas Wesentliches in deinem Leben zu bewegen. Die Mehrheit der Menschen ist sich weder ihrer Schöpfermacht noch ihrer Schöpfer-Verantwortung bewusst, sondern gibt beides an andere ab.

Eine kleine Glücksinventur deines Lebens

An dieser Stelle lade ich dich mit ein paar Fragen zu einer kleinen Inventur deines Lebensglücks ein. Sie geben dir schon einige Hinweise darauf, woran es in deinem Leben und in dir selbst eventuell mangelt.

* **Wo, in welchem Bereich deines Lebens fehlt es dir an Freude?** Gehst du mit Freude einer Arbeit nach? Erlebst du viel Freude in deinen zwischenmenschlichen Beziehungen? Und kannst du mit Freude mit dir selbst ein paar Tage lang ganz allein sein? Wofür brennst du mit Feuer und Flamme, wo also lebst du dein Feuer und tust etwas mit Begeisterung?
* **Genießt du mit dir selbst und mit anderen Menschen Frieden und Zufriedenheit?** Hast du ein friedliches Gemüt mit einer guten Portion Gelassenheit? Bist du im Frieden mit deiner Vergangenheit und besonders mit den Schlüsselpersonen deines Lebens, deinen Eltern, Geschwistern, Partnern, Expartnern, Kindern, anderen Verwandten, Vorgesetzten, Geschäftspartnern? Bist du mit dir selbst und mit deinem bisherigen Leben im Frieden und zufrieden?
* **In welchem deiner Lebensbereiche erlebst du bis heute Mangelzustände statt Fülle?** Woran fehlt es dir? Woran mangelt es in deinem Leben? Wovon ist in deinen Augen nicht

genug da? Von Geld, Gesundheit, liebevollen Menschen, Freunden, innerer und äußerer Ruhe, Sex, Erfolgen, Erfüllung? Was vermisst du, wonach sehnst du dich?

✳ **Wo oder wann in deinem Leben fühlst du dich nicht wirklich frei?** Wo oder von wem fühlst du dich in deiner Freiheit eingeschränkt? Mit welchen Personen fühlst du dich noch sehr verstrickt? Wer hat (noch) die Macht, deine Freiheit oder dein Freiheitsgefühl einzuschränken? Von was oder wem fühlst du dich (noch) abhängig? Wonach bist du eventuell süchtig? Nach Liebe, Alkohol, Nikotin, Anerkennung oder etwas anderem?

Öffne dein Herz wieder für die Liebe und das Lieben

Jeder von uns hat in der Mitte seiner Brust ein unsichtbares feinstoffliches Herz – unser wahres Zentrum. Warum? Erstens, weil wir mit diesem Herzen lieben können. Zweitens, weil dieses Herz auch das Zentrum unserer Freude ist. Und drittens, weil dieses unser Herz uns stets mitteilt, was sich für uns stimmig und rund anfühlt. Es hat also das, was wir heute »Führungskompetenz« nennen. Fast alle haben wir dieses Herz einmal in früher Kindheit verschlossen, weil der Schmerz darüber zu groß war, dass wir nicht um unser selbst willen geliebt wurden, sondern nur gegen Bedingungen. Vor allem sollten wir die Erwartungen anderer erfüllen. Wir haben gelernt, den Fokus unserer Aufmerksamkeit auf den Verstand zu legen und viele unwahre, verurteilende Gedanken zu glauben. Wir haben gelernt zu tun, was »man« tut, und zu unterlassen, was »man« nicht tut. Es war die Erziehung zum »Normal-Menschen«, die ich in meinem Buch »Willst du normal sein oder glücklich?« beschrieben habe.

Heute als Erwachsene können und dürfen wir dieses unser Herz wieder öffnen für die Liebe zu uns selbst, zu dem Kind in uns, zu unseren Mitmenschen und zum Leben selbst. Ja, dazu gehört Mut und ich möchte dir Mut machen, dein Leben mit Schöpfermacht und Liebe in die eigenen Hände zu nehmen und ihm eine völlig neue Richtung zu geben. Glücklichsein ist bewusste Schöpfung, auf Liebe gebaut. Glücklich zu werden heißt, sein Herz vor Freude zum Singen zu bringen.

Die Liebe ist neben unserer Schöpferkraft der entscheidende Schlüssel zur Erschaffung eines glücklichen Lebens.

Du kannst Geld, Erfolg, einen wunderbaren Partner, ein schönes Haus oder sonst etwas haben. Aber ohne die Liebe ist das alles nichts. All das fühlt sich ohne die Liebe leer an und führt nicht zu dem Gefühl der Erfüllung. Die Liebe hat jedoch nichts mit »lieb sein« zu tun. Sie ist eine Macht, die bisher kaum einer ausgelotet hat, die nur wenige ernst nehmen und fast alle verkennen. Jeder Mensch hat ein Herz, das lieben will und lieben kann.
Da bleibt die Frage: Warum lieben wir uns dann nicht selbst? Antwort: Weil wir erstens keine Anleitung erhielten zum Lieben und zum Glücklichsein. Und zweitens, weil wir keine Vorbilder hatten. Oder hast du einen Vater oder eine Mutter erlebt, die glücklich waren? Weniger als 5 Prozent aller Menschen erlebten in ihrer Kindheit glückliche Eltern. Hingegen haben viele von uns Eltern gehabt, die sich selbst verurteilt oder sich aufgeopfert

haben, die für andere da waren, aber nicht für sich selbst. Solche Eltern konnten uns nicht als Vorbild für ein glückliches Leben dienen. Viele stecken ihr ganzes Leben voller Schuldgefühle ihren Eltern gegenüber, die unter anderem durch Sätze aus der Kindheit genährt wurden wie »Wir wollen, dass ihr es mal besser habt als wir!« oder »Wir tun das alles nur für euch!«.

Entgegen solchen elterlichen Wünschen legen viele in ihrer Kindheit unbewusst einen Schwur ab, indem sie denken: »Ich darf nicht glücklicher sein als Mama und/oder Papa!« Denn Kinder leiden fast immer mit ihren nicht glücklichen Eltern. Mit demselben Gedanken verwehren sich viele Menschen heute ihr Glücklichsein und denken: »Wenn es doch so vielen Menschen auf der Welt schlecht geht, dann habe ich ein schlechtes Gewissen, wenn es mir gut geht. Wodurch habe ich das denn verdient?« Durch unser Mitleiden (statt mitzufühlen) versperren wir uns den Weg zum eigenen Glück.

Aussteigen aus den »alten Schuhen«

Die meisten von uns erhielten in den ersten zehn bis fünfzehn Jahren geradezu eine Anleitung zum Unglücklichsein und lernten systematisch, in den »alten Schuhen« eines mehr oder weniger unglücklichen Menschen zu laufen. Als »alte Schuhe« bezeichne ich Muster im Denken, Sprechen und Handeln, mit denen wir Menschen uns selbst seit vielen Jahrtausenden unglücklich machen und halten. Ich habe sie in meinem Buch »Raus aus den alten Schuhen!« ausführlich beschrieben. Im Folgenden stelle ich dir drei von ihnen vor. So kannst du überprüfen, in welchen Schuhen du selbst bis heute noch durch dein Leben läufst und dadurch dein Lebensglück verhinderst.

Erster alter Schuh: Sich Liebe, Lob und Anerkennung verdienen

»Ich brauche die Liebe, Aufmerksamkeit, Anerkennung und Wertschätzung von anderen und muss sie mir verdienen« ist ein Glaubenssatz, der tief in uns verankert ist. Damit einher geht der Gedanke »Ich muss die Erwartungen anderer erfüllen, sonst wenden sie sich von mir ab!«. Als Kind war es tatsächlich überlebensnotwendig für uns, ein Mindestmaß an Liebe oder Aufmerksamkeit von zumindest einem Erwachsenen zu erhalten. Als erwachsener Mensch dürfen wir uns bewusst machen, dass wir uns jetzt selbst Liebe und Wertschätzung schenken können. Solange wir glauben, es anderen recht machen und ihre Erwartungen erfüllen zu müssen, sind wir so abhängig von ihnen wie ein Drogenabhängiger von seinem Stoff. Du kannst noch so viel Anerkennung dafür bekommen, es wird und kann dich und dein Herz nicht glücklich machen.

FRAGE DICH BITTE

Was passiert mit mir, wenn mir jemand seine Liebe und Zuwendung entzieht? Und was tue ich alles, damit so etwas nicht geschieht? Wessen Erwartungen erfülle ich bis heute brav und fleißig, auch wenn sich das für mich überhaupt nicht stimmig anfühlt?

Zweiter alter Schuh: Sich selbst nicht treu sein und sich nicht trauen, Nein zu sagen

Niemand von uns hat in der Kindheit von Mama oder Papa gelernt, wie wichtig es manchmal ist, Nein zu sagen oder anderen

Menschen Grenzen zu setzen. Das hat große Folgen für unser Leben. Bis heute sagen die meisten Menschen oft dort Ja, wo sie am liebsten Nein sagen würden. Es ist das Kind in ihnen, das Angst davor hat, seine Wahrheit auszusprechen. Das heißt: Die meisten Menschen verraten bis heute immer wieder ihr eigenes Herz und sind sich auf diese Weise selbst untreu. Kein Wunder, wenn unsere Mitmenschen genau dasselbe mit uns machen nach dem Motto »Was du dir selbst antust, genau das werden dir auch andere antun«.

FRAGE DICH BITTE

Wo bin ich mir selbst nicht treu? Wo tue oder lebe ich etwas, was ich »eigentlich« gar nicht will, was sich weder rund noch stimmig noch mit Freude verbunden anfühlt? Wozu sage ich bisher Ja, obwohl ich eigentlich lieber Nein sagen würde (es mich aber nicht traue)?

Dritter alter Schuh: Sich selbst, andere und das Leben verurteilen

Das Kritisieren, Verurteilen und Fällen von Urteilen über andere wie über uns selbst ist uns so in Fleisch und Blut übergegangen, dass wir es oft nicht einmal mehr bemerken. Und was noch seltener erkannt wird: Wann auch immer du etwas an anderen verurteilst, du verurteilst damit auch immer dich selbst. Wir projizieren unsere Selbstverurteilungen auf andere, um nicht bei uns selbst hinschauen zu müssen. Je mehr Konflikte und je mehr Krach du mit anderen hast, desto mehr Unfrieden ist in dir.

———————— FRAGE DICH BITTE ————————

Was alles verurteile ich bis heute an mir selbst – an meinem Leben, meinem Körper, meinem Charakter, meinen Schwächen und so weiter? Womit in meinem Leben und in mir selbst bin ich unzufrieden? Welche Mitmenschen kann ich bis heute nicht leiden? Welche ihrer Eigenschaften und Verhaltensweisen lehne ich ab? Und wie sieht meine Einstellung zum Leben selbst aus? Was denke ich in der Tiefe über das Leben? Betrachte ich es als ein großes Geschenk und genieße ich es jeden Tag, dass ich leben darf?

Mach jetzt Frieden mit deiner gesamten Vergangenheit

Eines der größten Hindernisse für ein glückliches Leben ist der Unfrieden mit der eigenen Vergangenheit, sei es mit der Zeit im Elternhaus oder mit den Jahrzehnten danach. Ob im beruflichen oder im privaten Bereich, für vieles haben wir uns irgendwann einmal verurteilt und bis heute nicht vergeben. Diese Vergebung ist nötig, wenn wir glücklich sein wollen.

Dir selbst zu vergeben heißt, zu erkennen und anzuerkennen, dass du es in jedem Moment deines Lebens so gut gemacht hast, wie du es konntest oder wusstest. Heute würdest du vermutlich das eine oder andere anders oder gar nicht machen, aber damals ging das (noch) nicht.

Solange wir nicht bewusst unser Herz für den Frieden in uns öffnen und für all unsere bisherigen Schöpfungen und Erfahrungen, so lange tragen wir diesen in uns gespeicherten Unfrieden in unsere Zukunft hinein. Er ist in uns gespeichert in Form von verdrängten und abgelehnten Gefühlen der Angst, Ohnmacht, Wut, Scham, Schuld oder Trauer. Diese nenne ich unsere »Gefühlsbabys«, die sich vor allem eines von uns wünschen: dass wir sie endlich bejahend fühlen lernen. Darum heißt ein Ge-fühl: »Geh hin und fühle mich!«

Wenn wir nicht nach innen gehen, dann gehen wir leer aus

Glücklich zu sein heißt, sich glücklich zu fühlen. Und solange wir uns nicht bewusst um die genannten und von uns selbst erschaffenen unangenehmen Gefühle kümmern, sie annehmend in Meditationen durchfühlen und dadurch verwandeln, so lange kann unser Herz sich nicht öffnen für die Freude am Leben und am Lieben.

Wir erschaffen immer
von innen nach außen.

Um all diese Hinweise zu beherzigen, ist vor allem eines notwendig: dass wir uns im Alltag Zeit, Raum und Stille gönnen, um uns nach innen zu wenden und mit uns selbst allein zu sein. Denn in uns selbst, in unserer Innenwelt »spielt die Musik«. Das heißt, hier in uns spielt sich das Wesentliche ab, was sich später im Außen unseres Lebens zeigt. Wir erschaffen immer von innen nach außen. Unsere Innenwelt besteht aus unseren Gedanken und Gefühlen, unseren körperlichen Empfindungen und der Stimme unseres Herzens. Wir haben fast alle gelernt, das männliche Prinzip, das ständige Machen und Tun, Anstrengen, Arbeiten und Zieleverfolgen höher zu bewerten als das weibliche Prinzip, das Zulassen, das Geschehenlassen, Entspannen, Fallenlassen, die Intuition,

das Fühlen, Erspüren und Mit-uns-selbst-Sein. In unserer reizüber-
füllten Zeit nehmen sich viele nicht mehr die Pausen zum Ausatmen und Nach-innen-Gehen. Wer jetzt nicht von sich aus anhält,
um sich um seine Innenwelt zu kümmern, der wird vom Leben
angehalten, denn alles im Leben strebt nach einem gesunden
Ausgleich, nach Balance.

Was uns Halt gibt, sind Werte und Haltungen

Neben all den genannten Wegen zu einem glücklich erfüllten
Leben sind es die Werte und Haltungen, die dem Herzen und der
Liebe entsprechen, die uns sicher durch die Stürme des Lebens
führen und dabei unser Herz vor Freude singen lassen.

*Nur im Moment, im Hier und Jetzt findet
das Leben statt. Übe dich also in Achtsamkeit
und Bewusstheit bei allem, was du tust.
Tue es ganz und nicht halbherzig.*

Dankbarkeit und Wertschätzung sind die großen Schlüssel für
Zufriedenheit, Glück und Erfüllung. Nimm die vielen Geschenke
des Lebens nicht für selbstverständlich. Und danke dir selbst für
den Weg, den du gegangen bist. Traue dich, dem Leben selbst
zu vertrauen. Das Leben ist immer für dich. Es ruft dir an jedem
Morgen zu: »Guten Morgen, große Schöpferin, großer Schöpfer,
ich, der neue Tag = das Leben schenke mich dir. Mach das Aller-
beste aus mir – zu deinem Wohle und zum Wohle aller!«

Pflege die liebende, wertschätzende Verbindung zu anderen Menschen. Du bist ein Gemeinschaftswesen. Jede Begegnung mit jedem Menschen birgt ein potenzielles Geschenk für dich. In jedem deiner Mitmenschen kannst du etwas von dir erkennen und über dich lernen. Und wenn du andere beschenkst, und sei es »nur« mit Zeit, Aufmerksamkeit und einem offenen Herzen, beschenkst du dich zugleich immer selbst.

Robert Theodor Betz, Diplompsychologe, geboren 1953 im Rheinland, gehört seit Jahren zu den erfolgreichsten Lebenslehrern, Coaches und Top-Speakern im deutschsprachigen Raum. Seine Bestseller erreichten bisher eine Auflage von fast zwei Millionen verkaufter Exemplare. Seine lebensnahen und humorvollen Vorträge begeistern jährlich viele Tausend Frauen und Männer quer durch alle Bevölkerungs- und Altersgruppen und ermutigen sie, aus ihrem Schöpferbewusstsein heraus ihrem Leben eine neue, bessere Richtung zu geben.

In seiner Arbeit verbindet Robert Betz auf einzigartige Weise Psychologie und Spiritualität und zeigt auf, wie der Mensch sich wieder an seine göttliche Ur-Natur erinnern und durch seine bewusst und mit Liebe angewendete Schöpferkraft ein erfülltes, glückliches und erfolgreiches Leben erschaffen kann.

www.robert-betz.com

Stefanie Stahl

WECKE DEIN SONNENKIND

Warte nicht darauf, dass da draußen etwas passiert, das dich zufriedener und glücklicher macht. Das wahre Glück, die tiefe Zufriedenheit findest du nur in dir. Nur du selbst hältst den Schlüssel für ein erfülltes Leben und glückliche Beziehungen in der Hand. Nur du selbst kannst dem Kind in dir Heimat geben.

Dafür brauchst du keine jahrelangen Therapien. Du musst auch nicht in die hintersten Provinzen deiner Seele wandern. Es genügt, wenn du dich deinem »inneren Kind« zuwendest und dir dabei drei Etappen vornimmst: Lerne dein Schattenkind kennen und schließe Freundschaft mit ihm, stärke dein Erwachsenen-Ich und befreie dein Sonnenkind. Denn das Sonnenkind ist der wahre Glücksbringer, in jedem von uns, weil es für alle gesunden, starken und fröhlichen Persönlichkeitsanteile steht. Ich will dir zeigen, wie du zu deinem Sonnenkind vordringst, wie du es nährst und seine Strahlkraft in dir vergrößerst. Meine Methode zur Arbeit mit dem inneren Kind, die ich in jahrelanger Praxis entwickelt und in meinen Büchern aufgeschrieben habe, gebe ich auch in Seminaren weiter. Für dieses Glücksbringer-Buch habe ich daraus einen Schnellkurs entwickelt. Nimm dir einige Blatt Papier und einen Stift zur Hand und begib dich mit mir auf die Reise zu deinem inneren Kind.

Die erste Etappe ist zugleich die mühsamste, sozusagen die Bergetappe. Danach wird es immer leichter und schöner!

Erste Etappe: Lerne dein Schattenkind kennen

Das »innere Kind« steht für unsere kindlichen Prägungen. Sind diese positiv, gehören sie zum »Sonnenkind«, die negativen werden dem »Schattenkind« zugeschrieben. Probleme bereitet uns vor allem das Schattenkind. Es hat aus den Botschaften der Eltern oder anderer Bezugspersonen negative Glaubenssätze gebildet und abgespeichert. Solche Überzeugungen entstehen zwar in den ersten Lebensjahren, sie machen uns aber auch später noch das Leben schwer, weil sie uns prägen und sich auf unser Selbstwertgefühl und unsere Beziehungen auswirken.

Spüre deine Glaubenssätze auf

Das Schattenkind steht also für den Anteil in uns, der verletzt und entsprechend labil ist. Solange das Schattenkind unbewusst bleibt, laufen unsere psychischen Programme automatisch ab. Wenn wir die Glaubenssätze dagegen kennen, können wir uns in krisenhaften Situationen selbst regulieren. Also heißt die erste Aufgabe: Finde deine Glaubenssätze!

FINDE DEINE GLAUBENSSÄTZE

Mach dir zunächst bewusst, wie du deine Eltern als Kind erlebt hast: Wofür haben sie dich gelobt? Wofür getadelt oder bestraft? Haben sie dir das Gefühl vermittelt, wertvoll zu sein? Haben sie dir eher vermittelt, eine Freude oder eine Last zu sein? Beantworte dir diese Fragen und achte darauf, welches Gefühl sich bei dir einstellt. Dieses Gefühl bildet die Basis für immer noch gültige Glaubenssätze, also Überzeugungen, die dich schon ein Leben lang begleiten. Sie sagen nichts über deinen eigenen Wert aus, sondern nur etwas über deine Eltern. Hättest du andere Eltern gehabt, hätten sie dir andere Glaubenssätze mitgegeben.

Schreibe zu jeder Kategorie deine eigenen Glaubenssätze auf! Du kannst dich dabei von den Beispielen auf der nächsten Seite inspirieren lassen. Versuche in einem nächsten Schritt, aus allen deinen Glaubenssätzen eine Essenz zu bilden, deine Kernglaubenssätze. Das sind die Sätze, die dich am meisten runterziehen. Schreibe sie noch einmal auf.

Bitte mach dir klar: Diese Glaubenssätze sagen nichts, aber auch gar nichts über deinen Wert aus. Hätten sich deine Eltern in einigen Aspekten anders verhalten, dann hättest du andere Glaubenssätze. Die Glaubenssätze gehören nicht zu dir, sondern zu deinen Eltern. Sie sind vollkommen willkürlich!

Beispiele für Glaubenssätze

Glaubenssätze prägen unterschiedliche Lebensbereiche: deinen Selbstwert, deine Beziehungen und deine Ansichten über die Welt im Allgemeinen.

* Typische negative Glaubenssätze, die unmittelbar den Selbstwert betreffen, sind: »Ich genüge nicht.« »Ich bin ohnmächtig.« »Ich bin nix wert.« »Ich bin dumm.« »Ich komme zu kurz.« »Ich tauge nix.« »Ich bin zu dick.«
* Typische negative Glaubenssätze über die Beziehung zu den Eltern: »Ich bin allein.« »Ich bin nicht gewollt.« »Ich falle zur Last.« »Ich kann nicht vertrauen.« »Ich bin für deine Launen verantwortlich.« »Ich bin schuld.« »Ich komme zu kurz.« »Keiner versteht mich.«
* Typische negative Glaubenssätze, die die Lösung für das Problem mit den Eltern darstellen, sind: »Ich darf keine Schwächen zeigen.« »Ich muss funktionieren.« »Ich darf mich nicht lösen.« »Ich muss gute Leistungen bringen.« »Ich darf dich nicht enttäuschen.« »Ich darf keinen eigenen Willen haben.« »Ich darf nicht fühlen.«
* Typische negative Glaubenssätze über die Welt im Allgemeinen sind: »Männer sind böse.« »Frauen sind schwach.« »Vertrauen ist gut, Kontrolle ist besser.« »Es wird einem nix geschenkt im Leben.« »Die Welt ist schlecht.« »Reden bringt nix.«

Fühle dein Schattenkind

Wenn du die Kernglaubenssätze, die ja die stärkste negative Wirkung auf dich haben, noch einmal durchliest, dann spüre in dich hinein. Welche Gefühle lösen sie in dir aus? Spürst du Trauer, Angst, Hilflosigkeit, Scham oder Wut? Lautet einer deiner Sätze zum Beispiel »Ich genüge nicht«, dann verleiht ihm erst das Gefühl von Minderwertigkeit und Unterlegenheit die Kraft, die dich belastet und runterzieht. Denkst du zum Beispiel »Ich bin zu dick«, dann geht dieser Glaubenssatz möglicherweise mit dem Gefühl von Scham einher.

GEFÜHLE DES SCHATTENKINDES

Es ist wichtig, dass du die Gefühle identifizierst, die zu deinem Schattenkind gehören. So kannst du dich in Zukunft – mit deinem Erwachsenen-Ich – schnell dabei ertappen, wenn du im Modus des Schattenkindes gefangen bist – und entsprechend gegenregulieren. Aber dazu später mehr. Für den Moment notiere die Gefühle, die du spürst, wenn du deine Glaubenssätze durchliest!

Identifiziere deine Schutzstrategien

Bestimmt hast du bei der vorigen Übung wieder gemerkt, wie unangenehm die negativen Gefühle sind, die die Glaubenssätze auslösen. Um mit diesen negativen Gefühlen klarzukommen beziehungsweise um sie am besten gar nicht erst zu spüren, hat jeder von uns Schutzstrategien entwickelt.
Vielleicht bemühst du dich, allen Anforderungen möglichst perfekt zu genügen, damit niemand auf die Idee kommt, dass du nichts kannst – und du dich dann nicht minderwertig fühlst und schämst. Vielleicht schützt du dein inneres Kind aber auch durch eine

gewisse Angriffsbereitschaft. Schutzstrategien können ganz unterschiedlich sein, deshalb will ich einige typische aufzählen, um dir die Suche zu erleichtern:

* Verdrängen, Schönreden, Tagträumen
* Delegieren von Verantwortung, Opferdenken
* Flucht, Rückzug, Vermeiden
* Tarnung, Rollenspiel, Lügen
* Hilflosigkeit, Kindbleiben
* Perfektionsstreben, Schönheitswahn
* Harmoniestreben, Idealisierung
* Jammern, Klammern
* Shoppen, Konsum, Sucht
* Macht- und Kontrollstreben
* Mauern und Verweigern
* Attackieren und Fordern
* Rationalisieren und Intellektualisieren
* Abwertung und Arroganz

DEINE SCHUTZSTRATEGIEN

Notiere, welche Schutzstrategien du anwendest. Formuliere dazu Ich-Sätze mit deiner konkreten Schutzstrategie, beispielsweise: »Ich will alles perfekt machen.« Oder: »Ich verliere mich im Seriengucken.« Oder: »Wenn eine Beziehung fester wird, ziehe ich mich zurück.« Diese Schutzstrategien müssen dir bewusst sein, damit du zur zweiten Etappe aufbrechen kannst.

Zweite Etappe: Heile dein Schattenkind

Du hast dich bisher mit deinem Schattenkind beschäftigt. Das ist sicher keine beglückende Sache gewesen. Es ist aber unabdingbar, damit du das, was deinem Glück im Weg steht, an der Ursache lösen kannst. Dein Schattenkind braucht Trost und Heilung. Beides findest du in dir, beim inneren Erwachsenen. Er steht für unseren vernünftigen, klaren Verstand, der uns dabei hilft, zu reflektieren und Probleme zu lösen. Dieses Erwachsenen-Ich können wir stärken, sodass es dem Schattenkind, das von seinen Gefühlen geleitet wird, einen festen Halt gibt und ihm, wo nötig, Einhalt gebietet.

Stärke dein Erwachsenen-Ich

Das Erwachsenen-Ich ermöglicht dir eine andere Perspektive, nämlich die des Beobachters, der sich die Situation anschaut und darüber reflektiert. So bekommst du Abstand und bist den Gefühlen des Schattenkindes nicht ausgeliefert. Denn das Schattenkind lebt und fühlt ja noch immer wie das Kind, das du einmal warst. Heute aber bist du erwachsen und kannst diesem Persönlichkeitsanteil bewusst mehr Einfluss verschaffen. Du musst nicht mehr alles glauben, was du fühlst und denkst, sondern kannst es überprüfen und kritisch reflektieren. Das Erwachsenen-Ich hat die Fähigkeit, dich dabei zu ertappen, wenn du in deinen Mustern, deinen Glaubenssätzen gefangen bist – und umzuschalten.

»Ertappen und umschalten«
nenne ich das Steffi-Stahl-Mantra. Es ist die
Königin aller Selbsthilfemaßnahmen.

Eigentlich geht es um nichts anderes als darum, dich regelmäßig dabei zu ertappen, wenn du gerade wieder aus dem Schattenkind heraus agierst, und dann sofort auf dein Erwachsenen-Ich umzuschalten, um dich wieder in die gegenwärtige Realität zu katapultieren. Das Wichtigste ist, dass du dich in Selbstaufmerksamkeit übst. Dafür benötigt es zwei Dinge: erstens die klare Entscheidung, für dich und deine Gefühle die Verantwortung zu übernehmen und aus der Opferrolle auszusteigen. Und zweitens die mentale Disziplin, nicht in deinem Schattenkind zu versacken, sondern selbstaufmerksam ein Stück über dir zu schweben und zu merken, wenn du dich wieder in deinem Schattenkind befindest.

Lege dir hierfür eine Metahaltung zurecht. Das bedeutet, dass du dir ein für alle Mal klarmachst, dass dein Schattenkind eine reine Projektion aus deiner Kindheit ist. Und dann behalte dich den ganzen Tag über im Auge und immer wenn es nötig ist: ertappen und umschalten! Du wirst sehen, dass sich dein Schattenkind mit der Zeit immer seltener zu Wort melden wird.

Du hast darüber hinaus jeden Tag unzählige Gelegenheiten, deinen inneren Erwachsenen zu stärken und ihm die Führung zu übergeben. Dazu auf der folgenden Seite einige Vorschläge.

Heiße dein Schattenkind willkommen und tröste es

Damit dein Schattenkind heilen kann, muss es sich angenommen fühlen. Dazu gehst du wieder in die Position deines Erwachsenen-Ich, um seine Verletzungen zu reflektieren und richtig einzuordnen. Dieser Akt der Selbstannahme ist eine wichtige Voraussetzung dafür, dass wir nicht gegen uns selbst kämpfen, sondern Frieden mit allen Anteilen in uns schließen und die Verletzungen anerkennen, die uns zugefügt wurden.

STÄRKE DEIN ERWACHSENEN-ICH

Übe dich im Argumentieren. Logische Argumente helfen enorm, einen klaren Blick und Standpunktsicherheit zu erlangen.

Distanziere dich von deinen Schattenkind-Gefühlen. Dabei helfen logische Argumente, aber auch Formulierungen wie: »Das Schattenkind in mir hat Angst, verlassen zu werden. Das Schattenkind in mir fühlt sich unerwünscht.« Dadurch identifizierst du dich nicht mit deinen Gefühlen, sondern schaffst einen kleinen Abstand zu ihnen.

Überprüfe deine Kernglaubenssätze auf ihren Wahrheitsgehalt. Ein Beispiel: »Ich genüge nicht.« Was heißt das genau? Genügst du nur, wenn du viel leistest? Oder wenn du keine Fehler machst? Finde Situationen, in denen du gut warst. Zähle Menschen auf, denen du genügst. Woher kommt dieser Glaubenssatz? Wer hat ihn dir eingeredet?

Ertappe dich dabei, wenn du negative Gefühle hast. Diese haben häufig mit deinem Schattenkind zu tun. Stelle in dem Moment einen kleinen inneren Abstand her oder schalte bewusst um, indem du dir vergegenwärtigst, dass diese Gefühle zu deinem Schattenkind gehören und Teil »deines alten Films« sind, der mit der Gegenwart gar nichts zu tun hat. Untersuche in Zukunft jedes Problem, unter dem du leidest, in Bezug auf dein Schattenkind, seine Glaubenssätze und seine Schutzstrategien.

Du bist also dabei, auch mit deinem Schattenkind Frieden zu schließen. Würdest du diesen Anteil und seine Verletzungen verdrängen, dann blieben diese bestehen und könnten nicht heilen. Indem du diesen Teil deiner Persönlichkeit annimmst, wirst du ganz. Das Schattenkind, das ein Schattendasein fristete und deswegen umso machtvollere Gefühle und destruktive Programme entfalten konnte, findet nun eine Heimat in dir. Je aufgehobener es sich in dir fühlt, umso ruhiger wird es werden. Dazu habe ich eine Übung entwickelt, die ich hier verkürzt wiedergeben möchte. Du kannst noch mehr Gutes für dein Schattenkind tun, etwa indem du ihm einen Brief schreibst, wie er von liebenden Eltern formuliert werden würde. Weitere Anregungen findest du in meinen Büchern. Wichtig ist, dass sich dein Schattenkind getröstet fühlt, bevor du dich in der dritten Etappe dem Sonnenkind, dem Glücksbringer, zuwendest. Denn solange das Schattenkind in dir nicht gesehen wird, wirft es Schatten, die deinen Blick auf das Sonnenkind einschränken.

KONTAKT ZU DEINEM SCHATTENKIND

Dein Schattenkind zeigt sich in den beschriebenen negativen Gefühlen und Glaubenssätzen. Atme tief in den Bauchraum ein und sage dir: »Mein armes Kind, du darfst jetzt einfach mal hier sein. Ich nehme dich wahr und ich nehme dich ernst.« Atme einfach weiter. Hab Mitgefühl für dein Schattenkind. Versichere ihm, dass du fortan immer für es da sein und es nicht mehr allein lassen wirst. Versichere ihm, dass du, der innere Erwachsene, es an der Hand nehmen und ihm die Welt erklären wirst, sodass es bald im tiefsten Inneren fühlt, dass es vollkommen genügt, so wie es ist. Wiederhole diese Übung so oft wie möglich. Du wirst sehen, je mehr du dein Schattenkind akzeptierst, desto ruhiger wird es. Es fühlt sich gesehen und angenommen.

In einem nächsten Schritt kann der Erwachsene in dir das Schattenkind trösten. Stelle dir dazu vor, es steht nah bei dir oder sitzt auf deinem Schoß. Tröste es, wie du ein kleines Kind trösten würdest. Erkläre ihm, wie das damals war, warum es diese negativen Gefühle und Glaubenssätze entwickelt hat. Zeige ihm Wohlwollen und Mitgefühl und versichere ihm, dass es unschuldig an der Situation ist. Stelle dir dann vor, dass deine Eltern (oder Wunscheltern) ganz stolz auf dich sind, sich wahnsinnig freuen, dass es dich gibt, dass du genügst, wie du bist … alles, was dir persönlich wichtig ist.

Dritte Etappe: Entdecke dein Sonnenkind

Nach der Pflicht folgt die Kür! Du hast bereits zwei schwere Etappen gemeistert. Damit hast du den Blick frei gemacht auf deinen Glücksbringer, dein Sonnenkind, das du jetzt in seiner vollen Strahlkraft entdecken kannst. Das Sonnenkind steht für unsere positiven Prägungen und guten Gefühle. Denke dabei an alles, was fröhliche Kinder ausmacht: Spontaneität, Neugierde, Selbstvergessenheit, Vitalität, Tatendrang und Lebensfreude. Das Sonnenkind beherbergt den intakten Anteil unseres Selbstwertgefühls. Mit ihm können wir unsere Lebenszufriedenheit, unser Glück entdecken und vermehren und Visionen entwickeln, wie wir unser Leben gestalten und welche Ziele wir ansteuern wollen.
Das Sonnenkind steht zum einen für die positiven Prägungen, die wir als Kind erfahren haben. Wir können es aber auch mit neuen positiven Glaubenssätzen füttern und sie in unseren Gefühlen verankern. Ich gebe dir wieder ein paar typische Beispiele für positive Glaubenssätze: »Ich genüge.« »Ich bin wertvoll.« »Ich werde geliebt.« »Ich habe Glück verdient.« »Für mich wird gesorgt.« »Ich bin willkommen.« »Ich werde satt.« »Ich bin klug.« »Ich darf Fehler machen.« »Ich schaffe das.« »Ich darf mich wehren.« »Ich darf fühlen.« »Ich darf meine Meinung haben.«

FINDE DEINE POSITIVEN GLAUBENSSÄTZE

Begib dich zunächst auf die Suche nach den positiven Glaubenssätzen, die du von deinen Eltern oder anderen Bezugspersonen übernommen hast. Formuliere diese positiven Glaubenssätze, notiere aber nur einen oder zwei, sozusagen deine Kernglaubenssätze. Das hat den Vorteil, dass du sie schnell und leicht in deinem Alltag verfügbar hast.

In einem zweiten Schritt nimmst du dir deine negativen Kernglaubenssätze vor. Diese wollen wir jetzt in ihr positives Gegenteil verkehren. Bei manchen Sätzen ist es ein Leichtes: »Ich bin wertlos« wird zu »Ich bin wertvoll«. Bei anderen Glaubenssätzen ist es schon schwieriger, sie umzudrehen. Verzichte dabei auf eine Verneinung, weil das die positive Wirkung wieder abschwächen würde. Suche nach einer Formulierung, die deinem negativen Glaubenssatz am deutlichsten entgegensteht. Bei »Ich bin schuld« könnte das »Ich darf mich abgrenzen« oder »Ich darf auch mal Fehler machen« sein. Wenn dein negativer Glaubenssatz »Ich bin hässlich« lautet, kannst du dich mit »Ich bin schön« vielleicht nicht anfreunden. Dann versuche es mit »Ich bin schön genug«.

Formuliere deine neuen Kernglaubenssätze so, dass sie sich gut für dich anfühlen, und notiere sie. Übe nun möglichst täglich, um deine neuen Glaubenssätze zu verankern. Denn unser Gehirn lernt durch Wiederholen und Üben, was du noch durch intensive Gefühle verstärken kannst. Stelle dir dazu mit allen Sinnen eine besonders schöne Situation vor: Vielleicht steht dein Lieblingsmensch hinter dir und flüstert dir deine neuen Glaubenssätze vor.

FINDE DEINE STÄRKEN, RESSOURCEN UND WERTE

Suche im nächsten Schritt nach deinen Stärken und notiere sie. Zu den Stärken gehören Charaktereigenschaften und Fähigkeiten, die dir oft nützlich sind. Vielleicht bist du humorvoll, großzügig, gebildet, attraktiv, kreativ, ehrlich, hilfsbereit…

Nun halte Ausschau nach deinen Ressourcen, also deinen Kraftquellen und den äußeren Lebensumständen, die dir Halt und Kraft spenden. Das können sein: gute Freunde, eine intakte Beziehung, Familie, Kinder, ein guter Job, ausreichend Geld, Gesundheit, Musik, Reisen… Notiere deine Ressourcen.

Nun gilt es, deine Werte herauszufinden. Konzentriere dich dabei auf die Werte, die dir helfen könnten, die Verhaltensweisen zu überwinden, die aus den Schutzstrategien deines Schattenkindes resultieren. Beschränke dich dabei auf drei Werte. Hier einige Beispiele: Verantwortung, Nächstenliebe, Mut, Offenheit, Einfühlungsvermögen, Treue… Notiere drei deiner Werte, die dir den Rücken stärken.

Finde deine Schatzstrategien

Um das Sonnenkind in dir weiter zu stärken, kannst du dir Schatzstrategien aneignen. Sie helfen dir, deine Wahrnehmung, deine Gedanken und deine Gefühle so zu regulieren, dass du dich möglichst oft im kraftvollen Zustand des Sonnenkindes aufhältst oder im Zustand deines vernünftigen inneren Erwachsenen. Die Schatzstrategien kannst du gezielt einüben und mit ihnen nach und nach deine alten Schutzstrategien abbauen. Die Schatzstrategien helfen dir nicht nur dabei, deine Probleme zu lösen, sondern auch schnell in den Sonnenkind-Modus zu schalten, wo du Kraft, Freude und tiefe Zufriedenheit tanken kannst.

DEINE SCHATZSTRATEGIEN

Ich möchte dir hier einige Strategien vorschlagen, die ich in meinen Büchern näher erläutert habe, weil ich sie für besonders wertvoll halte. Selbstverständlich kannst du dir auch eigene Verhaltensweisen und Strategien suchen, die du gezielt einüben willst.

* Unterscheide zwischen Tatsache und Interpretation.
* Sei dir selbst gegenüber ehrlich.
* Übe dich in Wohlwollen.
* Gut ist gut genug.
* Genieße dein Leben.
* Sei authentisch anstatt lieb Kind.
* Werde konfliktfähig und gestalte deine Beziehungen.
* Erkenne, wann du loslassen musst.
* Übe dich in Empathie.
* Setze gesunde Grenzen.
* Pflege Hobbys und Interessen.
* Erlaube dir, du selbst zu sein.

Notiere deine Schatzstrategien in ganzen Sätzen. Übe die Strategien nach und nach ein und freue dich daran, wie dein Sonnenkind wächst.
Wir haben es alle verdient, glücklich zu sein!
Du hast es verdient, glücklich zu sein!

Stefanie Stahl ist Diplom-Psychologin und Psychotherapeutin in freier Praxis in Trier. Sie beschäftigt sich vor allem mit den Themen Bindungsangst, Stärkung des Selbstwertgefühls und Arbeit mit dem »inneren Kind«. Als Bestsellerautorin hat Stefanie Stahl unter anderem die Bücher »Das Kind in dir muss Heimat finden« und »Jeder ist beziehungsfähig« geschrieben und damit ein Millionenpublikum erreicht. www.stefaniestahl.de

RISE UP AND SHINE! WIE DEINE INNERE HALTUNG DICH ZUM STRAHLEN BRINGT

Eine der wichtigsten Fragen, die wir uns in unserem Leben stellen können, lautet: »Wer möchte ich sein auf dieser Welt?« Wer möchtest du, die oder der gerade diese Zeilen liest, wirklich in deinem tiefsten Inneren sein?

In dem Moment, in dem du alle Wenns, alle Abers, all das Müsste und Sollte, das dein Leben beherrscht – all die Gedanken und To-dos und die Lautstärke da draußen –, einmal bewusst leiser drehst. Wie den Knopf an einem Radio. Welche kleine, bisher immer wieder ungehörte Stimme flüstert dir in diesem Moment etwas zu? Was sagt sie zu dir? Diese Stimme ist das Flüstern deines Herzens.

Wir alle hegen den tiefen Wunsch in uns, wahrhaft glücklich zu sein. Doch wir haben es verlernt, die Stimme zu befragen, die uns die Antwort darauf geben kann, was uns »von Herzen« glücklich macht. Wir haben es verlernt zu träumen, zu wünschen und zu hoffen. Weil wir es verlernt haben, uns selbst zu vertrauen. Dieses Vertrauen auf tiefster Ebene zu heilen und zu transformieren ist der Weg, auf den uns das Leben schickt. Und unsere innere Haltung ist der Schlüssel dabei, um den Mut zu finden, der Stimme unseres Herzens zu folgen und unsere wahre Bestimmung zu leben.

Warum ist es so schwer, das zu tun, was wir eigentlich wollen?

Marianne Williamson schrieb dazu einmal, dass unsere wahre Angst nicht ist, dass wir unzulänglich sind. Sie schrieb, dass unsere Angst ist, dass wir in Wahrheit über alle Maßen machtvoll sind. »Es ist unser Licht, vor dem wir am meisten erschrecken, nicht unsere Dunkelheit. Wir fragen uns: Wer bin ich, dass ich so brillant, großartig, talentiert, fabelhaft sein sollte?« In meiner Arbeit als spirituelle Lehrerin und Visionärin frage ich gern: Wer sind wir, dass wir es nicht sind? Denn dein Leben, unser aller Leben, hat das Potenzial, voller Wunder zu sein.

*Die einzige Frage lautet: Bist du bereit,
dich für diese Wunder zu öffnen? Oder glaubst du,
dass es sie nur für andere Menschen gibt?*

Die Wahrheit ist: dass ein Wunder nichts im Außen ist. Ein wirkliches Wunder ist einzig und allein der Wandel in uns. Die Veränderung unseres Bewusstseins von Angst in Liebe. Es ist die Veränderung deiner inneren Welt. Weg von der Angst, nicht gut genug, nicht stark, klug, schön oder talentiert genug zu sein. Weg von all den Geschichten, die du dir selbst erzählst, um die Stimme deines Herzens auf »stumm« zu stellen. Ein Wunder ist die Erinnerung an die Liebe und dein persönlicher Wandel zu dem Menschen, der du in Wahrheit bist und immer warst. Der Weg von der Geschichte zur Liebe ist das Großartigste, was wir für uns selbst tun können. Denn in diesem Moment verändert sich einfach alles um uns herum.

*Es ist unendlich powervoll zu verstehen,
dass die Grundlage für die strahlende, wunderschöne
Zukunft, die du vielleicht in täglichen Meditationen
visualisierst, in der friedlichen Auflösung
vergangener Konflikte liegt.*

Nichts, absolut gar nichts hindert uns daran, die beste Version von uns selbst zu sein – außer wir selbst. Denn alles, was dich gerade jetzt, in diesem Moment, in dem du diese Zeilen liest, von dem Gefühl der Liebe trennt, sind deine Gedanken. Und genau hier liegt unser größtes Dilemma. Denn der Ursprung so vieler unserer Probleme ist, dass wir gedanklich, emotional und energetisch fast alle permanent in der Vergangenheit leben. Diese schmerzvollen Erinnerungen, Vorwürfe und Schuldzuweisungen kleben an uns. Sie sind ein persönliches emotionales Gummiband. Es macht sich in Form dieser kleinen Stimme in unserem Kopf bemerkbar, die uns ständig erinnert und zur Vorsicht mahnt. Und genau diese Augenblicke beeinflussen dann unsere Zukunft. Es ist unendlich powervoll zu verstehen, dass die Grundlage für die strahlende, wunderschöne Zukunft, die du vielleicht in deinen täglichen Meditationen visualisierst, in der friedlichen Auflösung vergangener Konflikte liegt.

Du triffst die Entscheidung für dich und dein Handeln. Du kannst aufhören, dich zu fragen, warum das Leben ständig gegen dich ist. Denn alles, was passiert ist, liegt in der Vergangenheit. Es kann nicht geändert werden. Das, was du aber ändern kannst, ist deine innere Haltung. Immer wenn wir unsere innere Welt verändern, verändert sich auch alles um uns herum. Deshalb frage ich dich noch einmal: Glaubst du an Wunder? Stell dir vor, du wirst dein Leben in ein Wunder verwandeln und darfst durch dein Leben tanzen. Du darfst unendlich lieben. Du darfst glücklich sein. Du darfst frei sein. Erlaubst du dir dein persönliches Wunder?

ZWEI WÖLFE

Eine meiner liebsten Geschichten handelt von einem alten Cherokee-Indianer, der mit seinem Enkel in einer sternenklaren Nacht am knisternden Lagerfeuer sitzt. Der Junge schaut seinen Großvater an und fragt: »Warum sind manche Menschen glücklich und andere so unglücklich?« Der alte Indianer schaut nachdenklich in die dunkle Steppe hinaus und sagt dann: »In jedem von uns leben zwei Wölfe. Der eine ist ein weißer Wolf. Er steht für Liebe, Vertrauen, Güte, Gerechtigkeit, Frieden und Hoffnung. Der schwarze Wolf verkörpert all das Dunkle und Schlechte in uns. Er steht für Negativität, Angst, Ungerechtigkeit, Wut, Hass, Zorn,

Neid, Selbstmitleid und Trauer. Diese beiden Wölfe sind im ständigen Kampf miteinander. Der Kampf der beiden findet in dir und in jedem Menschen statt. Denn ins uns allen leben diese beiden Wölfe.«
Der Enkelsohn denkt darüber nach. Er starrt in die Flammen und sieht in seinem Inneren die beiden Wölfe in ihrem erbitterten Kampf vor sich. Schließlich fragt er neugierig: »Großvater, welcher der beiden Wölfe gewinnt?«
Der alte Cherokee lächelt. Er rückt auf dem großen Baumstamm ein wenig näher an den Jungen heran, als wolle er ihm ein Geheimnis verraten. Schließlich legt er nach einer kleinen Pause seinen Arm um ihn und flüstert: »Der, den du fütterst. Aber sei dir bewusst: Wenn du nur den weißen Wolf fütterst, wird der schwarze Wolf irgendwo auf dich warten. Er wird sich hungrig auf die Lauer legen. Geduldig. Und wenn du einen schwachen Moment hast, wenn du nicht vollkommen achtsam bist, dann wird er aus dem Schatten seines Versteckes treten und deine Aufmerksamkeit einfordern.
Er wird so laut und so stark knurren, dass du dich auf einen Schlag an all die Negativität in dir erinnerst. Je weniger Achtsamkeit du ihm schenkst, umso erbitterter wird er mit dem weißen Wolf kämpfen, damit du ihn wahrnimmst. Das ist die wahre Herausforderung des Menschen, mein Junge. Es geht nicht darum, den schwarzen Wolf zu ignorieren. Die Aufgabe des Menschen ist es, beiden Wölfen seine Aufmerksamkeit zu schenken. Nur so trägt er den Frieden in sich.«

Wunderschön, nicht wahr? Die Geschichte lehrt uns etwas, was unsere Gesellschaft komplett vergessen hat. Nämlich dass Frieden nicht entsteht, indem wir uns nur auf das Positive fokussieren. So viele von uns tragen diesen tiefen Schmerz des »Immer-positiv-sein-Müssens« mit sich herum. Wir wollen die strahlenden Ritter, die Helden sein. Doch was ist die Reise jedes Helden? Er geht durch das tiefste Tal und kämpft erbittert gegen Drachen. Er durchlebt seine größten Tiefpunkte, droht beinahe zu scheitern, um dann, in letzter Minute, doch zu siegen. Sind es nicht genau diese Geschichten, die wir alle lieben? Sind es nicht diese Geschichten, die wir unseren Kindern erzählen? Warum tun wir uns später, wenn wir erwachsen sind, so schwer damit, es den Helden unserer Kindheit nachzutun?

Es geht ums Fühlen!

Unsere Gesellschaft denkt, dass es das Ziel ist, sich besser zu fühlen. Dabei ist das Ziel eigentlich, überhaupt zu fühlen! Ganz besonders die Dinge, die der schwarze Wolf verkörpert. Und genau das ist die Entscheidung, die uns in unsere wahre Power zurückbringt. Wahre Stärke ist die Bereitschaft, unserem schwarzen Wolf all unsere Aufmerksamkeit zu schenken und zu sagen: »Okay, ich bin hier. Was hast du mir zu sagen?«

Was ist es, das unser Herz belastet? Welche Erlebnisse haben wir nicht verkraftet und noch nicht vergeben? Wem gegenüber hegen wir noch immer Groll, Verachtung, Wut oder Schuld? Es ist dieser Schritt, der uns von unseren engen emotionalen Gummibändern lösen kann.

Vielleicht hast du schon einmal gelesen, dass über 95 Prozent aller Dinge, die passieren, unbewusst sind. Stell dir dein Gehirn als einen riesigen Computer vor, auf dem du unendlich viele Programme hast. Das Problem bei der Sache ist, dass die meisten von uns mit einem alten Betriebssystem arbeiten. Informationen, die bei uns installiert wurden, als wir fünf, sechs oder sieben Jahre alt waren. Wie wäre es, wenn dein moderner, schicker Computer nach wie vor mit einer Version von Windows 98 arbeitet? Richtig! Ein absolutes Chaos. So ähnlich ist es auch bei uns allen. Unser Körper stellt die neueste Hardware dar. Aber innerlich gab es mittlerweile seit Jahrzehnten kein Update. Wenn wir uns also die Frage stellen, wer wir wirklich sein wollen, stoßen wir immer wieder auf die gleichen Probleme.

Unser Körper stellt die neueste Hardware dar.
Aber innerlich gab es seit Jahrzehnten kein Update.

Vielleicht möchtest du eine Weltreise machen oder endlich finanziell frei sein. Möglicherweise träumst du davon, von deinem Hobby zu leben. Von einer eigenen Familie. Von einem Ferienhaus in Spanien oder dem nächsten Karrierelevel. Egal, welches Programm es ist, das du gern öffnen möchtest: Unter Windows 98 wird es Probleme machen. Stell dir vor, dass ein Fehlerfenster kommt, auf dem steht: »Tut uns leid, aber unsere letzte Info ist, dass dein Vater dir gesagt hat, dass du es nie zu etwas im Leben bringen wirst. Deshalb bleibt dieses Programm geschlossen.« Dein Betriebssystem hält diese Information für aktuell. Es fehlt ein Update und so hältst du weiter an deinen veralteten Überzeugungen fest. Und wir alle haben einen ganzen Haufen davon. Im Laufe unseres Lebens machen wir unsere Erfahrungen. Mit der Familie, mit Freunden, Partnern, Lehrern und sogar Fremden.
Wollen wir kurz gemeinsam herausfinden, welche Fehlerfenster bei dir auftauchen? Dann nimm dir ein paar Minuten Zeit für eine kraftvolle Übung.

DEINE FEHLERMELDUNGEN

Mach es dir mit einem weißen Blatt Papier und einem Stift bequem. Zeichne nun eine Linie quer durch das Blatt. Der Beginn der Linie steht für deine Geburt. Das Ende der Linie kennzeichnet den heutigen Tag. Gehe nun dein Leben in einzelnen Stationen durch und markiere alle wichtigen Stellen: Kindergarten, Grundschule, weitere Schulen, Umzüge. Du kannst auch dein Alter zur Orientierung nutzen.

Gehe nun auf die Suche nach alten Momenten in deinem Leben, bei denen du etwas noch nicht verziehen hast und die dich in deiner Vergangenheit festhalten. Das können Situationen sein, Anlässe, Personen. Versteife dich nicht zu sehr darauf, jede von ihnen zu finden. Sondern lass deine Intuition nur jene markieren, die dir ganz spontan ins Bewusstsein kommen. Du kannst dir auch jeweils ein Stichwort oberhalb der Linie notieren.

Die Mauer der Erinnerungen

Bist du fertig? Betrachte deine Zeichnung. All das, was du nun siehst, bezeichne ich als die Mauer der Erinnerungen. Es ist eine erste kurze Zusammenfassung von vielen kleinen Verletzungen tief in dir, die noch ungeheilt sind und dich nicht vollkommen frei sein lassen. Sie haben sich wie eine Mauer aufgeschichtet und verschließen dein Herz. Höchstwahrscheinlich haben viele dieser Situationen im späteren Leben auch dein Handeln beeinflusst. Diese Mauer der Erinnerungen steht für dein emotionales Gefängnis.

HEILE ES IN DIR

Nimm dir jetzt einen Moment Zeit, um dir vorzustellen, was heute in deinem Leben anders wäre, wenn diese Erfahrungen dich stärken würden, anstatt dich zu schwächen. Stell dir vor, dass in jeder dieser Erfahrungen eigentlich auch immer eine Chance für Heilung verborgen liegt und dass du selbst entscheidest, wann diese Heilung eintreten darf.

Nimm hier einfach nur wahr, dass es einen Effekt auf dein jetziges Leben hat, an welchen Erfahrungen du festhältst und welche Erfahrungen deinem eigenen größten Wachstum dienen dürfen.

Atme dann tief ein und aus. Sage zu dir selbst: »Mit jedem Sonnenaufgang erlaube ich mir mehr und mehr, alles loszulassen, womit ich mir selbst Schaden zufüge.« Mit jedem Tag hast du die Möglichkeit, etwas in dir zu heilen und dich erstrahlen zu lassen.

Genau deshalb ist es so wichtig, dass wir uns selbst regelmäßig ein Update gönnen. Die Wahrheit ist, dass unsere Träume nicht deshalb nicht leben, weil wir sie nicht wahr machen könnten. Sondern weil wir unser Vertrauen in uns selbst und unsere Fähigkeit, unser Leben aktiv zu gestalten, verloren haben. Dieses Vertrauen in uns selbst zurückzuholen, uns selbst ein Update zu gönnen, das ist es, was uns zurück zu unserer Kraft bringt. Denn die Formel zum Glücklichsein ist es zu erkennen, dass wir jederzeit die Macht haben, uns ein Leben zu erschaffen, von dem wir immer geträumt haben.

Nicht du bist fehlerhaft, sondern deine Überzeugungen. Dein altes Betriebssystem. Deine Erinnerungen an das, was passiert ist, und deine Schlussfolgerungen daraus. Und mit all dem kannst du jetzt, in diesem Augenblick abschließen! Du kannst deine Vergangenheit updaten durch eine neue innere Haltung.

Vom Opfer zum Erschaffer – durch Vergebung

Wenn wir frei und glücklich sein möchten, beginnen wir bei uns selbst. Dafür ist es wichtig, auch diejenigen freizulassen, denen wir bisher die Schuld gegeben haben. Unser persönliches Update ist es, eine neue Interpretation der Dinge und die Vergebung für das, was geschehen ist, zu finden. Damit kommen wir in unsere Kraft. Wir werden aktiv und shiften unsere Rolle: vom Opfer zum Erschaffer. Aus einem »Ich kann nicht, weil mir dieses oder jenes passiert ist« wird etwas Neues. Zum Beispiel ein »Warum das, was mir passiert ist, mich so viel stärker macht«. Indem wir unsere schmerzvolle Vergangenheit durch unsere innere Haltung für uns zu interpretieren lernen, werden wir zum Schöpfer unserer Zukunft.

Nur wenn wir aus tiefstem Herzen vergeben –
uns selbst, dem anderen, dem Leben –, öffnen wir
die Tür in unser neues Leben.

Vielleicht triffst du auf innere Widerstände, einem Menschen, der dich zutiefst verletzt hat, zu vergeben. Das ist okay. Stell dir diese Gefühle als eine Art eigene Firewall vor. Einen Schutz, um mit Situationen und Momenten umgehen zu können, durch die du so sehr verletzt wurdest. Aber lass mich dir sagen, dass du diesen Schutz nicht mehr brauchst. Denn du bist jetzt, in diesem Moment, in Sicherheit! Du kannst loslassen. Albert Einstein sagte einmal, dass wir niemals ein Problem auf die Weise lösen können, durch die es entstanden ist. Das bedeutet, dass du ein Problem nur lösen kannst, wenn du es nicht mehr als Problem ansiehst. Wenn du das, was dich belastet, aus einer anderen Perspektive anschaust, dann kann sich energetisch etwas ändern. Wenn du überlegst: »Okay, was war denn vielleicht das Gute an dieser Situation? Was habe ich gewonnen? Wer bin ich geworden?« In diesem Moment kann eine neue Realität entstehen. Es geht also nicht darum, die Handlungen eines anderen als richtig zu deuten. Denn es gibt Dinge, die sind falsch. In manchen Dingen sogar eindeutig, wie bei Fällen körperlicher oder emotionaler Gewalt.

Bei dieser Arbeit geht es nicht um den anderen und seine Handlungen. Es geht darum, den Schmerz für dich selbst aufzulösen. Dein Leiden zu beenden.

Es geht darum, unsere verletzten Gefühle, die wir noch im Hier und Jetzt tragen, in die Vergangenheit einzuordnen, damit wir in der Gegenwart frei sind. Das, was du durch Vergebung sagst, ist: »Ich kämpfe nicht mehr länger gegen diese Erfahrung. Ich sage nicht mehr länger, dass diese Erfahrung falsch war. Ich sage nicht mehr länger, dass das nicht hätte passieren dürfen.« Denn das würde bedeuten, dass wir im Widerstand gegen das Leben sind. Und so lange können wir nicht das Geschenk entdecken, das in jedem noch so schrecklichen Erlebnis steckt.

Denn aus jeder, wirklich jeder Erfahrung können wir unglaubliche Kraft, Stärke, eine tiefe Weisheit mitnehmen. So vieles wäre nicht ohne diese Erfahrung möglich! Und ja, das mag unserem Ego vielleicht nicht gefallen. Ja, vielleicht hätten wir uns gewünscht, dass all das nicht passiert wäre. Es ist aber passiert. Und nur wenn du anfängst, dich auf diesen Standpunkt von »Ja, es ist passiert. Und es ist okay« zu stellen, stehst du nicht mehr im Widerstand. Dann kannst du anfangen, wieder wirklich frei zu sein.

Noch mal: Es geht ausschließlich um dich!
Um deine persönliche Befreiung. Die zentrale Frage
dabei lautet: Möchtest du recht haben oder
möchtest du glücklich sein?

Recht zu behalten fühlt sich im ersten Augenblick meist sehr zufriedenstellend an. Oft fällt es uns sehr leicht, andere zu kritisieren oder ihnen einen Vorwurf zu machen. Wir fühlen uns überlegen und sicher. Fehler bei anderen zu erkennen gibt uns für einen kurzen Moment Kraft. Aber ist es nicht schöner, statt recht zu haben, glücklich zu sein? Vergebung hilft uns dabei, alte Vorwürfen loszulassen. Gib dir und deinen Mitmenschen die Gelegenheit, kennenzulernen, wie es ist, jemandes Fehler zu akzeptieren und darüber hinwegzusehen. Denn jeder macht Fehler. Auch wir!

Vergebung macht gesünder – nachweislich

Die Vergangenheit im wahrsten Sinne des Wortes mit sich herumzutragen macht krank. Das zeigen auch Studien. Forscher des Luther College in Iowa fanden heraus, dass hoher Stress durch negative Emotionen zu gesundheitlichen Problemen führt. Andauernde Wut, Frustration und Rachegedanken können sich nämlich negativ auf die Herzfrequenz, den Blutdruck und das Immunsystem

auswirken. Diese Veränderungen erhöhen das Risiko für Schwierig-
keiten wie Depressionen, Herzerkrankungen und Diabetes.
Bei einer anderen Forschungsreihe der Stanford University brachte
man 259 Probanden bei, ihre innere Haltung durch Vergebung zu
verändern. Die Studie zeigte eine direkte Verbindung zwischen der
Minderung von Stress und der Vergebung auf. Mehr als 70 Prozent
der Teilnehmer gaben an, weniger Schmerzen als vorher zu empfinden. Und 27 Prozent von ihnen hatten auch weniger Symptome
wie Rücken- oder Kopfschmerzen, Schwindel oder Schlaflosigkeit.
15 Prozent gaben an, nicht mehr so emotional auf Stress zu
reagieren.

Ausnahmslos alle Probanden waren bereit,
auch in Zukunft zu verzeihen, statt den Ärger
in sich hineinzufressen.

Wie du siehst, gibt es also sogar wissenschaftliche Nachweise,
dass Vergebung Stress reduziert. Also, bist du bereit für ein Update
deines Betriebssystems? Bist du bereit für ein Soul-Update? Dann
nimm dir Zeit für eine kraftvolle Meditation. Dafür brauchst du kei-
nerlei Vorwissen. Du kannst da einfach ganz entspannt reingehen
und dir erlauben, dieses alte Softwareprogramm gegen ein neues,
freshes Update auszutauschen.

DEIN SOUL-UPDATE

Finde einen bequemen Sitz, leg deine Hände mit den Handflächen nach oben auf deine Knie oder in deinem Schoß ab. Stell dir vor, dass dich ein unsichtbarer Faden, direkt an deinem Kopf, ganz gerade aufrichtet. Und wenn du so weit bist, dann schließ deine Augen.

Atme tief durch die Nase ein. Halte den Atem für einen Moment. Und dann atme langsam durch den Mund wieder aus. Nimm dir ein paar Minuten für deine Atmung. Bereite dein Inneres für alles vor, was jetzt kommt. Beruhige deine Gedanken. Noch mal. Tief durch die Nase einatmen. Und durch den Mund wieder ausatmen.

Und wenn du so weit bist, schicke ein liebevolles Lächeln in deine innere Welt. Begrüße dein inneres Universum. Es ist der Ort, an dem all deine Erfahrungen, all deine Gedanken, Gefühle, Überzeugungen, Glaubenssätze – dein ganzes Leben gespeichert ist. Deine innere Welt ist einzigartig. Und alles, was du in deiner inneren Welt existieren lässt, siehst du auch im Außen. Denke daran: In dem Moment, in dem du etwas in dir veränderst, änderst du damit immer auch automatisch etwas in deiner äußeren Welt.

Komm an hier in diesem Moment. In diesem Moment, der alles ist, was existiert. Spüre dich in dem Raum, in dem du gerade bist. Entspanne deine Schultern, entspanne dein Gesicht, deine Stirn. Und erlaube deinem Kopf loszulassen. Eine ganz wundervolle Welle der Entspannung geht einmal durch deinen gesamten Körper, sodass sich dein ganzer Körper entspannen kann. Alle Muskeln sich entspannen können.

Bring deine Aufmerksamkeit jetzt in dein Herz. Spüre deinen Herzschlag. Spüre die Intelligenz, die Weisheit deines Herzens. Dein Herz war das Erste, was von dir existiert hat. Alles begann mit deinem Herzschlag. Verbinde dich hier mit deinem Ursprung. Und dann spüre in dich hinein. Was ist eine Überzeugung, ein Glaubenssatz oder ein Muster, was in deinem Leben immer wiederkehrt?

Was ist nicht in Einklang mit deinem Herzen, mit deiner Wahrheit? Fühl einmal in dich hinein, was ist eine Überzeugung, ein Glaubenssatz oder ein Muster, was immer wieder in deinem Leben auftaucht? Was ist nicht in Einklang mit deiner Herzenswahrheit? Frage hier dein Herz. Was gilt es für dich heute zu transformieren und loszulassen? Was entspricht nicht deinem höchsten Selbst – der Wahrheit über dich? Und nun höre zu. Welcher Satz taucht auf? Was immer nun in dir erscheint, ist jetzt genau richtig. Nun bitte dein Herz, dir jetzt einmal das Jahr zu sagen, in dem du angefangen hast, das zu glauben. Wie alt bist du gewesen? Vertraue dir selbst. Die erste Zahl, die kommt, ist genau die richtige. Du brauchst nicht in diesen Moment zurückzugehen. Werde dir einfach nur darüber bewusst, dass es einen Moment in deinem Leben gegeben hat, wo du für dich geschlussfolgert hast, dass dies das ist, was du ab jetzt glauben wirst. Das ist allerdings nicht die Wahrheit, sondern es ist einfach nur eine Möglichkeit, die du gewählt hast, zu glauben. Vielleicht, weil du dich damals schützen musstest, vielleicht, weil du es nicht besser gewusst hast. Was auch immer der Grund war, es spielt heute keine Rolle mehr. Es hat dir in diesem Moment gedient und dafür kannst du dankbar sein.

Wie auch immer dein Satz lautet –
für eine gewisse Zeit in deinem Leben
hat er dir gedient.

Werde dir jetzt auch darüber bewusst, dass es einen Moment gab in deinem Leben, bevor du diesen Satz geglaubt hast. Und nun stell dir einmal vor, du gehst jetzt ein Jahr zurück von diesem Moment, bevor du diesen neuen Gedanken über dich geschlussfolgert hast. Du warst leer von dieser inneren Überzeugung. Erinnere dich an die Zeit, als du noch vollkommen in Liebe warst. In dem Bewusstsein darüber, wer du in Wahrheit bist. Wunderschön, intelligent, kraftvoll, weise. Erlaube dir, dich daran zu erinnern, dass es diesen Moment in deinem Leben gegeben hat. Dass es eine Wahrheit über dich gab, die du angefangen hast zu verdrängen, zu verleugnen. Um dich selbst zu schützen oder weil du es nicht besser wusstest. Oder weil du vielleicht dafür verurteilt worden bist, genau in diesem Licht zu sein, in deiner Einzigartigkeit zu sein. Werde dir bewusst, dass es eine Wahrheit ist, zu der du immer wieder zurückkehren kannst. Und nun bring deine Aufmerksamkeit wieder in dein Herz. Stell dir vor, wie von oben ein wunderschönes weißgoldenes, kraftvolles Licht aus dem Kosmos durch die Spitze deines Kopfes in deinen Körper hineinfließt und du dich kraftvoll damit verbindest.

Stell dir vor, wie von deinem Steißbein und deinen Füßen Wurzeln in die Erde hineingehen und dich mit dem Erdkern verbinden.

Nimm wahr, wie jetzt sowohl von der Erde als auch vom Kosmos heilende, warme Energie in deinen Körper strömt. Wie du dich zurückverbindest mit dem Kern deines Wesens. Deinem Ursprung. Wie du wieder ein Teil wirst von allem, was ist.

Und dann halte dir dein aktuelles Jahr vor Augen. Was ist das Update, das du jetzt installieren möchtest? Was ist das Herzens-Update? Was ist die Information, die darauf wartet, von deinem Herzen in jede Zelle deines Körpers zurückzuströmen? Visualisiere, wie dieses wunderschöne kosmische Licht und das kraftvolle Licht aus der Erde all diese alten Informtionen in deinen Zellen löschen. All das, was für dich nicht mehr funktioniert. All das, was du irgendwann über dich geschlussfolgert hast. All diese alten Programme, die in dir abgelaufen sind. All das, was du irgendwann mal für dich übernommen hast. Stell dir vor, wie das jetzt gelöscht wird. Auf Zellebene, auf DNA-Ebene. In deinem gesamten Energiefeld wird Platz geschaffen, in dem etwas Neues entstehen kann.

Erlaube deinem Herzen, dir selbst zu vergeben, was du über dich geglaubt hast. Es war vollkommen in Ordnung. Es hat dir gedient und darf nun gehen. Sage nun: »Es tut mir leid. Bitte vergib mir. Ich liebe dich. Danke. Ich vergebe mir.«

Erlaube diesen Worten, sich in dir zu entfalten. Erlaube dem kosmischen, universellen Licht, diesen leeren Raum in dir zu erfüllen mit Liebe, mit reiner Liebe, mit deinem Ursprung.

Und wir installieren jetzt dein neues Soul-Update. Stell dir vor, wie jetzt hier über das kosmische Licht und das wundervoll kraftvolle, heilende Licht der Erde eine neue Information installiert wird. Direkt in dein Herz. In dich fließen all die Informationen über deine innere Weisheit, über deine Kraft. Über deine Power. Über all das Wissen, all das Potenzial, das in dir ist.

In dich fließen all die Informationen
über deine innere Weisheit, über deine Kraft.
Über deine Power. Über all das Wissen,
all das Potenzial, das in dir ist.

Erlaube dir, dass auf jeder Ebene deines Seins, auf mentaler, emotionaler, spiritueller, physischer Ebene, in allen Räumen, allen Dimensionen, aller Zeit – überall in dir darf diese neue Information installiert werden. Über deine Kraft. Über das Wunder, das du bist. Über dein Herz, über die Liebe, über die Quelle der Liebe, die du bist. Und stell dir vor, wie sich dieses wunderschöne kosmische Licht in dir ausbreiten darf. Wie du zu einem Kanal voller Liebe wirst. Und wie das Universum dich nutzen darf als einen Kanal der Liebe, als einen Kanal dieser Kraft. Stell dir vor, wie alle Widerstände, alle Blockaden gegen die Liebe abgebaut worden sind und wie die Liebe wie ein Wasserfall durch dich hindurchfließt. Lass sie fließen, sich vermehren. Du brauchst sie nicht länger zurückzuhalten. Du darfst zurückkommen nach Hause zu dir selbst. Jetzt stell dir vor, wie diese Liebe um dich herum fließt und wie du dich einhüllst in diese Liebe. Spüre dich. Das bist du!

Und dann stell dir jetzt vor, wie du in dieser Energie dein Leben erschaffst, stell dir vor, was in einem Jahr von heute an möglich ist mit dieser neuen Information, mit diesem neuen Update. Denn du bist nun vollkommen sicher und beschützt. Du bist geliebt und gehalten. Was wird für dich möglich sein? Was kannst du jetzt erschaffen? Wozu kannst du endlich Ja sagen? Wofür ist jetzt endlich Raum in deinem Leben? Spür das. Spür, was ab jetzt für dich möglich ist im Außen, weil du im Innen etwas verändert hast. Weil du im Innen all diese Staudämme abgebaut hast, all den Widerstand gegen die Liebe. Und all das jetzt frei durch dich hindurchfließen darf.

Spür, was sich jetzt verändert. Welche Menschen jetzt endlich in dein Leben kommen können, welche Nähe jetzt für dich möglich wird. Wie viel mehr Liebe zu dir selbst möglich wird. Atme hier tief ein, tief aus, begrüße dich, begrüße dein Sein.

Bring nun deine Hände als ein Zeichen der Einheit in Gebetshaltung vor deinem Herzen zusammen. Senke dein Kinn zu den Fingerspitzen, verbeuge dich vor dir selbst. Wiederhole dabei für dich: »So ist es. Das bin ich. Ich bin hier. Ich bin Liebe. Danke. So sei es.« Atme tief ein und wieder aus. Begrüße dein neues upgedatetes Ich.

Lächle in dich hinein. Und mit diesem Lächeln öffne langsam deine Augen, schau dich einmal um in dem Raum, in dem du gerade bist. Spür den Raum, der in dir entstanden ist. Spür die Liebe, die durch dich hindurchfließt und hinein in den Raum, in dem du gerade bist.

Und mit diesem neuen Update beende ich diese Zeilen an dich. Bitte denke daran, dass du an jedem Morgen, an dem du aufwachst, neu beginnen kannst. Jeder neue Tag ist ein Geschenk an dich. Ein Wunder. Und wenn du morgen Früh aufwachst, dann nimm dir einen Moment, um die Stimme deines Herzens lauter werden zu lassen. Nutze an jedem künftigen Tag die ersten Minuten, um dich zu fragen: »Wer möchte ich heute sein auf dieser Welt? Wer bin ich, wenn ich bereit bin, all die Dinge loszulassen, die mich belasten?« Denn in diesen Gedanken liegt deine größte Freiheit und unendlicher Frieden.

Es ist so schön, dass es dich gibt!
Rock on & Namasté,
Deine Laura

Laura Malina Seiler ist spirituelle Lehrerin und Visionärin. Sie ist #1-Spiegel-Bestsellerautorin, Host des erfolgreichsten deutschen Podcasts für persönliche und spirituelle Weiterentwicklung »Happy, Holy & Confident« und Gründerin der »Rise Up & Shine Uni«, an deren Kursen bereits mehr als 15 000 Menschen teilgenommen haben. In ihrem Kurs »Löwenherz« hilft sie Menschen bei ihrer Vergebungsarbeit. www.lauraseiler.com

Dami Charf

JEDER SCHMERZ LÄSST SICH IN ETWAS POSITIVES WANDELN

E in Text über das Glück kann nur Stückwerk sein, eine Annäherung, die immer wieder ihre Spur verliert. Glück ist flüchtig und sobald wir es wirklich wahrnehmen, verschwindet es oft auch schon wieder. Glück ist ein Gefühl und Gefühle sind unbeständig und schnelllebig. Irgendwann in meinem Leben habe ich verstanden, dass die Suche nach dem Glück sehr unglücklich machen kann. Je mehr ich denke, dass Glücklichsein der Normalzustand sein sollte, desto unglücklicher werde ich sein, denn das Leben ist kein immerwährender Glücksrausch. Das Leben ist lebendig, es fordert uns heraus, es lehrt uns, es tut weh, es ist beglückend und kostbar. Was ist die Essenz des Lebens? Was bedeutet Erfüllung? Was muss geschehen, damit wir am Ende sagen können: Das war ein gutes Leben und ich kann gut gehen?

Diese Fragen treiben mich um, seit ich denken kann. In mir gab es schon immer eine tiefe Sehnsucht – ich wusste nur nicht, nach was. In diesem Text möchte ich dir einen Teil meiner Reise beschreiben, die mich zu meiner persönlichen »Glücksformel« gebracht hat.

Irgendwann in meinem Leben habe ich verstanden, dass die Suche nach dem Glück sehr unglücklich machen kann.

Als Kind schon war da dieses Gefühl, dass es noch etwas anderes geben muss. Da musste mehr sein als Angst, Einsamkeit und das Gefühl von Anderssein. In der Grundschule war ich eines der wenigen »Gastarbeiterkinder« und wurde vom Religionsunterricht freigestellt. Offiziell war ich Muslima, auch wenn ich gar nicht wusste, was das sein sollte. Statt meine Freistunde zu genießen, setzte ich mich in den Religionsunterricht und lauschte den Geschichten und Fragen, die sich dort stellten.

Ich kann mich noch an das Gefühl erinnern, mich dort irgendwie angesprochen gefühlt zu haben. Etwas in mir ging in Resonanz mit meiner Sehnsucht. Gab es einen Sinn? Gab es etwas, das größer war als ich, eine ordnende Kraft? Spannenderweise hat mich Religion trotzdem nie erreicht, trotz meiner vielen freiwilligen Stunden im Religionsunterricht. Was mich erreicht hat, war, einen Glauben in mir zu fühlen, dass das Leben eine Ordnung, einen Sinn hat. Und dies hatte einen starken Einfluss auf mein weiteres Leben und Überleben meiner Kindheit.

Diese Sehnsucht in mir ist nie verschwunden, auch heute – fünfzig Jahre später – spüre ich sie in mir wie etwas Lebendiges, etwas das mich immer wieder auffordert zu fühlen, zu schauen, zu suchen und zu finden. Es hat Jahre gebraucht, um herauszufinden, was diese Sehnsucht will und wohin sie mich führen will.

Ich bin ihr unglaublich dankbar, denn diese Sehnsucht, die manchmal so schmerzlich ist, dass sie kaum auszuhalten ist, hat mich wie ein Kompass durch mein Leben geleitet.

Der tiefe Sturz aus einem Traum

Eine der ersten Stationen, zu denen sie mich geführt hat, waren Pferde. Irgendwann mit elf wurde ich ein Pferdemädchen. Das ist eine Bezeichnung, die gerade neulich eine Freundin gebraucht hat und mit der ich mich so gar nicht identifizieren konnte, aber von außen gesehen ist es wahr. Ich verliebte mich unsterblich in Pferde. Ihre Schönheit und die Freiheit und Kraft, die sie für mich verkörperten, haben mich in meinen Grundfesten berührt. Ihre Freundlichkeit und Sensibilität, gepaart mit Kraft und Freiheit, hatten mich an einer Stelle berührt, von der ich damals noch gar nicht wusste, dass es sie gibt.

Ich wollte reiten lernen. Ich wollte mit einem Pferd über Wiesen galoppieren, den Wind in den Haaren und den Geruch von Freiheit in der Nase. Ich lernte reiten.

Dieser Traum wurde an einem Nachmittag jäh unterbrochen, als ich endlich die Aussicht hatte, mit meinem besten Freund reiten zu dürfen. Er und seine Familie hatten zwei Pferde und ein großes Grundstück. An diesem Tag war es so weit und ich durfte mit ihm auf dem Grundstück reiten. Es war das höchste Glück, das ich mir überhaupt vorstellen konnte. Die Erfüllung schlechthin. Sollte dies alles gut klappen, dann würde ich kurz darauf endlich mit meinem Freund über Wiesen und durch Wälder galoppieren.

Doch genau an diesem Tag wollte mein Vater mich nicht gehen lassen. Stattdessen sollte ich zu Hause bleiben und den Tag mit meinen Eltern verbringen. Die Auseinandersetzung eskalierte vollkommen und als »Wiedergutmachung« durfte ich dann doch zu meinem Freund fahren.

Bei unserem Ritt über die Hauswiese kam mein Pferd dem anderen Pferd zu nahe und dieses schlug aus. Der Tritt war so unglücklich, dass er meinem Pferd das Bein brach. Bei Pferden ist das so ziemlich das Schlimmste, was passieren kann, und es führt dazu, dass sie eingeschläfert werden müssen.

Mein Herz brach an diesem Tag. Ich fühlte mich zutiefst schuldig und schämte mich bis in jede Zelle. Wegen mir starb dieses schöne und von allen geliebte Pferd. Ich war untröstlich. Da hatte ich um diesen Nachmittag gekämpft, Schläge eingesteckt, nur damit alles in einer Katastrophe endete.

Wir können nicht anders:
Wir interpretieren und schlussfolgern.

Ein Problem ist, dass wir Menschen ein Ereignis niemals einfach so betrachten. Wir lernen und assoziieren immer Dinge in Ereignisse hinein, besonders in traumatische oder emotional sehr berührende. Wir wollen immer eine Lehre aus etwas ziehen, damit wir eine Vorlage für spätere Ereignisse haben und uns so verhalten können, dass es nicht mehr schmerzhaft wird. In diesem Fall war die Lehre, die ich als Kind aus diesem traumatischen Ereignis zog: Freue dich niemals zu sehr auf etwas, es wird in einer schmerzhaften Katastrophe enden!

Das menschliche Dilemma ist, wir können nicht keine Lehre ziehen. Es ist ein automatischer Vorgang, der unser Überleben sichern soll. Leider führt dies oft dazu, dass wir – vor allem als Kinder – Rückschlüsse ziehen, die unser Leben eben genau nicht glücklicher machen, sondern uns am Leben hindern. Doch dies merken wir leider erst sehr viel später. Die Erfahrungen des Lebens legen eine Spur aus Überzeugungen in uns an, die wir für wahr halten. Viel später lernte ich, viele dieser Überzeugungen wieder aufzulösen, und zu fühlen, dass es keine allgemeingültige Wahrheit ist, die ich als Kind gelernt hatte.

Eine der wichtigsten Erkenntnisse meines Lebens ist, dass fast alles, was ich als Kind über mich und das Leben gelernt habe, nicht wahr ist.

Nachdem meine Eltern sich glücklicherweise getrennt hatten, ging meine Mutter mit mir zurück in die Nähe von Frankfurt. Dort fand ich wieder einen Reitstall und wurde ein Teil der Pferdemädchen, die dort jeden Tag verbrachten. Ich hatte ein Lieblingspferd mit Namen Kilma, das ich hegte und pflegte und dem ich in die Mähne weinte, wenn es mir schlecht ging. Und es ging mir oft sehr schlecht zu dieser Zeit, denn in der neuen Schule wurde ich brutal gemobbt. Es verging kein Tag, an dem ich nicht litt. Irgendwann ging ich dann nicht mehr in die Schule. Ich ging direkt von zu Hause mit dem Schulranzen in den Stall. Dort fand ich etwas, das mein Leben von diesem Zeitpunkt an wie einen roten Faden durchziehen sollte. Eigentlich fand ich sogar zwei Dinge, die mein Leben bis heute bestimmen. Ich fand heraus, dass ich gern lehrte, denn ich durfte den Anfängern irgendwann Reitunterricht geben. Und ich fand Gemeinschaft, ich fühlte mich irgendwann zugehörig. Das rettete mir das Leben und beeinflusst mich bis heute. Ich lernte in dieser Zeit auch, dass in jedem Schrecken die Möglichkeit der Transformation liegt. Es gibt nichts Schönes ohne Schmerzliches und nichts Schmerzliches ohne die Möglichkeit der Transformation in etwas Positives.

Träume ins Leben bringen

Es gab noch einen wichtigen Meilenstein, über den ich hier berichten möchte, der mein Leben geprägt hat und an dem ich eine hilfreiche Überzeugung gelernt habe.

Es gab in meiner Kindheit eine Serie im Fernsehen, die ich neben Daktari oder den Waltons sehr geliebt habe, nein, am meisten geliebt habe. Das war »Der Mann in den Bergen«. Für die jüngeren Leserinnen und Leser sei der Inhalt kurz erklärt: Es ging um einen Mann, der mit seinem Hund in den Rocky Mountains lebte und dort allerlei Abenteuer meisterte. Ich war vollkommen fasziniert von der Landschaft und meine Sehnsucht richtete sich auf dieses Gefühl, das die Bilder in mir auslösten. Ich wollte dorthin. Ich wollte nach Kanada. Unbedingt. So überlegte ich mit meinem besten Freund – der gleiche, mit dem ich auch den Reitunfall hatte –, wie wir nach Kanada kommen könnten. Zu diesem Zeitpunkt war ich zwölf Jahre alt. Wir rechneten aus, wie viel Taschengeld wir sparen müssten, damit wir mit achtzehn rüberfliegen könnten.

Ich wurde älter, aber der Traum blieb. Mit dreiundzwanzig konnte ich ihn mir schließlich erfüllen. Ich war selbstständig als Wendotrainerin (Selbstverteidigung und Selbstbehauptung für Frauen und Mädchen) und verdiente mein erstes Geld. Ich flog zwar nicht mit meinem Kinderfreund, aber mit einer guten Freundin und Kollegin nach Toronto. Zwei Monate fuhren wir mit dem Bus quer durch Kanada, gingen in der Wildnis paddeln und erlebten viele spannende Dinge. Das erste Mal in meinem Leben hatte ich das Gefühl, dass es weit war um mich herum, dass ich Raum hatte und atmen konnte. Diese unglaubliche Weite hat mich in ihren Bann geschlagen, tief berührt und ließ mich seitdem immer zurückkehren auf den amerikanischen Kontinent. Durch diese Reise habe ich zwei Dinge erfahren, die wichtig sind.

* Die erste Erkenntnis war: Es ist möglich, Träume zu verwirklichen.
* Die zweite Erkenntnis war: Traum und Realität sind zwei sehr unterschiedliche Dinge.

Menschliche Bedürfnisse – was zählt?

Die Möglichkeit, mein Leben zu gestalten und Träume Realität werden zu lassen, hat meinen Lebenslauf stark mitgestaltet. Interessanterweise gehörte dazu auch die Erfahrung, gemobbt zu werden. Letztlich hat sie dazu geführt, dass ich mich nicht mehr anstrengen wollte, Menschen zu gefallen, die mich dann womöglich sowieso nicht mochten. Ich nahm meine Rolle des Outlaw an und gewann mit der Zeit eine ungeheure Freiheit. Das Leben ist so viel einfacher, wenn man sich nicht zu viel anpasst und immer schaut, was wirklich wahr ist: für mich selbst.

Versteh mich nicht falsch, ich möchte immer noch gemocht und geliebt werden. Mir ist auch nicht egal, was andere denken, und ich bin wie jede andere verletzlich. Dennoch gibt es auch die Seite in mir, die sich für sich selbst entscheidet und für die vielleicht noch nicht so oft begangenen Wege. Die sich nicht allen Normen unterwirft und immer nach der eigenen Integrität handelt.

Liebe und Anerkennung sind toll,
aber nicht um jeden Preis.

Als Menschen werden wir von bestimmten Grundbedürfnissen gesteuert, die meisten von uns machen sich darüber keine großen Gedanken. Doch diese Investition lohnt sich, weil wir uns und unsere Entscheidungen besser verstehen können. In unserem Alltag versuchen wir immer, unsere Bedürfnisse zu erfüllen, ob uns dies bewusst ist oder nicht. Auch Menschen, die von sich sagen, dass sie keine Bedürfnisse haben, erfüllen sich ihre Bedürfnisse. Sie machen dies nur nicht offen, sondern indirekt. Anthony Robbins nennt sechs Grundbedürfnisse, die bei allen Menschen in sehr unterschiedlicher Hierarchie vorkommen:

- Sicherheit
- Abwechslung
- Liebe und Verbundenheit
- Bedeutung
- Wachstum
- einen Beitrag leisten

Vielleicht magst du dir die Zeit nehmen, deine persönliche Hierarchie aufzustellen, es wird dir sicher einige wichtige Erkenntnisse
bringen. Lebst du in einer Partnerschaft und deine Partnerin oder
dein Partner beschäftigt sich auch damit, so werdet ihr sehen,
warum ihr euch an bestimmten Punkten so gut oder so schlecht
versteht. Vor allem ist wichtig, dass du ehrlich bist. Es geht darum,
welche Bedürfnisse tatsächlich dein Leben bestimmen, und nicht
darum, welche Bedürfnisse du gut findest.
Mein wichtigstes Bedürfnis ist Wachstum. Ich habe bisher kaum in
meinem Leben etwas länger getan, was mir keine Freude bereitet
oder mich gelangweilt hat. Egal, wie einträglich oder sicher es war.
Mein zweitwichtigstes Bedürfnis sind Liebe und Gemeinschaft.
Dazu sage ich später noch mehr. Inzwischen ist mir klar geworden,
dass auch Bedeutung für mich sehr wichtig ist. Ich möchte vor
allem für die Menschen, die ich liebe, eine Bedeutung haben. Und
ich möchte eine Spur im Leben hinterlassen und diese Welt besser
verlassen, als ich sie vorgefunden habe. Auch wenn wir hier über
eine Mikrospur reden und nicht über weltverändernde Dinge.

Traum … und Realität

Zurück zu meiner Kanadareise und der Entdeckung, dass Traum
und Realität zwei vollkommen verschiedene Dinge sein können.
Wir reisten im Juni nach Kanada und von Toronto fuhren wir in den
Norden zu einem Provincialpark, in dem wir in der Wildnis paddeln
wollten. Das taten wir dann auch.
Schon in der ersten Nacht stellte ich fest, dass ich unglaubliche
Angst hatte. Angst war bis dahin ein Gefühl, das ich im Alltag
praktisch nicht kannte. Damals wusste ich das noch nicht: Ich hatte
durch die überwältigenden Erfahrungen in meiner Kindheit meine

Angst abgespalten. Ich hatte kaum Zugang zu dem Gefühl von Angst. Dort in den Wäldern Kanadas bekam ich einen ersten Eindruck davon, was sich in den Tiefen meiner Psyche noch verbarg. Es sollte aber weitere sechs Jahre dauern, bis ich in einer Therapie wirklich an diese verborgenen Teile herankam.

Ich lag also hellwach da und war fast panisch. Die Stille war so umfassend und groß um mich herum, dass ich in mir verloren ging. Tagsüber hatte ich Angst vor der nächsten Nacht. Ich war kaum fähig, meiner Freundin und Kollegin davon zu erzählen, und so schlief sie friedlich neben mir, während ich mich mit meiner Todesangst herumschlug. So hatte ich mir das in meiner Fantasie nicht vorgestellt.

Was sich aus den Tiefen unserer Psyche zeigt,
will beachtet werden.

Außerdem lernten wir sehr schnell, dass Juni so ziemlich der schlimmste Monat war, in dem man in Kanada in den Wald gehen konnte. Es gibt dann so viele Mücken und Blackflies, dass man sie kauen kann, sobald man den Mund aufmacht. Unglücklicherweise musste man in diesem Park das Kanu immer wieder durch den Wald auf einem Pfad zum nächsten See tragen. In dieser Zeit, in der man das Kanu über dem Kopf trägt, ist man den Moskitos hilflos ausgeliefert. Sie kriechen unter jedes Kleidungsstück und man wird förmlich aufgefressen. Es war auch noch ein heißer Sommer und wir schwitzten am ganzen Körper, sehr zum Vergnügen dieser Plagegeister.

Ich erinnere mich an einen Punkt, an dem ich nicht mehr konnte. Die Portage war lang und unser Kanu total schwer. Ich gab auf und setzte mich auf einen Stein, meine Freundin ging weiter. Ich weiß heute nicht mehr, wie lange ich dort saß. Umschwärmt von Mücken und weinend vor Frustration und Erschöpfung. Ich saß dort und saß und irgendwann wurde mir klar, dass niemand kommen würde, um mich zu retten, und dass auch die Mücken nicht weggehen würden und das Boot sich nicht von allein weiterbewegen würde.

Es hört sich sehr banal an, wenn ich das schreibe. Doch die Erkenntnis war profund: Wenn ich es nicht verändere, wird es sich nicht verändern.

Ich kann etwas nicht mögen,
aber es wird sich nicht verändern,
wenn ich es nicht verändere.

Lange bevor Selbsthilfeliteratur unser Leben überschwemmt hat, saß ich dort auf einem Stein in Kanada, einsam und verheult, und hatte diese Erkenntnis, die nicht schön war, aber hilfreich.

Liebe und Verbundenheit

Es lohnt sich sehr, sich damit zu beschäftigen, was wichtig für dich ist und was du vom Leben möchtest, denn das gibt ein Gefühl von Erfüllung und Sinn. Verfolgen wir ein Leben lang die Erfüllung von Bedürfnissen, die gar nicht unsere ureigenen sind, leben wir das falsche Leben. Das Leben besteht aus Kleinigkeiten, die sich aneinanderreihen. Tag für Tag. Und es liegt an uns, diese so zu gestalten, dass sie uns erfüllen und mit der Zeit unser Leben besser machen.

Wir gestalten unser Leben mit allem,
was wir tun, zu jedem Zeitpunkt.
Wir gestalten unsere Beziehungen mit allem,
was wir tun, zu jedem Zeitpunkt.

Wie gesagt, Liebe und Verbundenheit sind ein tiefes Bedürfnis von mir: Mir ist bewusst, dass ein Teil davon aus einem großen Mangel aus meiner Kindheit entstanden ist, aber das macht nichts. Ich bin glücklich und dankbar, dass dieses Bedürfnis eines meiner Leitsterne im Leben ist. Da ich zutiefst daran glaube, dass dieses Bedürfnis für alle Menschen grundlegend ist und zu einem erfüllten Leben den größten Beitrag leistet, möchte ich damit meinen Beitrag hier im Buch beschließen.

Wir Menschen sind Rudeltiere, wir fühlen uns sicherer und glücklicher in Gemeinschaft. Haben wir Angst, dann suchen wir Schutz bei einem anderen Menschen, dem wir uns auf irgendeine Weise verbunden fühlen. Wir finden Erfüllung, indem wir andere glücklich machen und mit unserem Rudel kochen, essen und reden und uns dabei als Teil einer Gemeinschaft empfinden. Wir finden Sinn, wenn wir merken, dass wir etwas bewirken im Leben anderer. Wir finden uns selbst in den Augen der Menschen, die uns nahekommen dürfen.

Und gerade hier sehe ich heute die größte Quelle von Unglück. Unsere Gesellschaft erzählt uns, dass wir nur gesund sind, wenn wir autonom und unabhängig sind. Wir wollen individuell und seit Neuestem authentisch sein. Vereinsamung, Depression und Ängste sind inzwischen kein individuelles Problem mehr, sondern ein gesellschaftliches. Ich sehe diese Probleme als Teil eines größeren Themas. Wir wissen kaum noch, was Verbundenheit und echter Kontakt wirklich sind. Was Nähe und Intimität (nicht Sexualität) wirklich bedeuten können. Viele von uns sind so verletzt durch ihre Geschichte, dass sie anderen Menschen nicht mehr trauen und sich in der Gegenwart von anderen eher unwohl und verunsichert fühlen.

Viele Menschen meiden andere, sie fühlen sich nicht mehr als Teil von etwas. Das innere Gefühl von Ausgrenzung, von abgeschnitten und anders Sein, führt zu Scham. Und Scham führt zu noch mehr Einsamkeit, weil man über sich selbst denkt, dass man falsch ist, ungenügend, nicht liebenswert, hässlich. Wir suchen nicht mehr die Nähe zu anderen Menschen, weil wir uns nicht zumuten wollen, weil wir Angst haben, jemand sieht uns – sieht uns wirklich.

Mein Lebensglück hängt an deinem
und an unserem. Es macht mich glücklich,
wenn ich dich glücklich sehe.

Dieser Weg führt zu noch mehr Unglück, nicht nur für den oder die Einzelne, sondern für uns alle. Wir müssen den Gedanken aufgeben, dass wir als Einzelwesen glücklich sein können. Ich fühle mich sicher und geborgen, weil ich weiß, dass Menschen mich lieben, wie ich bin. Das ist es, was mir – und sicherlich auch jedem anderen Menschen auf dieser Welt – den Boden gibt, auf dem sich wachsen lässt.

Die Welt ist so groß und gleichzeitig so klein. Wir alle sind so kostbar, zart, verletzlich und stark. Passen wir nicht aufeinander auf – auf jeden und jede Einzelne –, dann passt niemand auf. Dein Lächeln zählt, jede deiner Gesten zählt. Es ist uns oft nicht bewusst, aber unsere Freundlichkeit und Zuwendung verändert die Welt, vielleicht nur die Welt einer Person und vielleicht nur für ein paar Minuten, doch jede Minute zählt.

Wenn du zurückschaust auf dein Leben, was ist es, das bleibt? Es sind die Momente, in denen du berührt warst. In denen du verletzlich warst und tiefe Gefühle hattest – angenehme oder unangenehme.

Es bleibt, was dein Herz berührt hat.

Viele von uns versuchen, ihr Herz zu schützen, sie versuchen mit aller Macht, nicht mehr verletzt zu werden. Doch geht die Strategie auf? Ich denke, wir können den Schmerzen nicht ausweichen, verzichten aber gleichzeitig auf das Schöne, das auch ist. Das Leben ist wild und kostbar und Narben machen Charakter. Lasst uns unsere Herzen in den Ring des Lebens werfen, uns zeigen und lieben und die Welt zu einem schöneren Ort machen. Das ist der Weg zum Glück für mich.

Danke!

Dami Charf ist Begründerin der körper- und bindungsorientierten Therapiemethode Somatische Emotionale Integration. Nach dem Studium der Sozialpädagogik und der Sozialen Verhaltenswissenschaften machte sie Ausbildungen unter anderem in Transformativer Körperpsychotherapie, Somatic Experiencing und Sensorymotoric Psychotherapy. Sie ist Heilpraktikerin für Psychotherapie, arbeitet als Traumatherapeutin und bietet Gruppen und Ausbildungen an. www.damicharf.de

Thomas Brezina

WAS WIR VON DER GLÜCKSKRAFT DER KINDER LERNEN KÖNNEN

Kennst du ein Kind mit Burnout? Hast du schon jemals ein Kind sagen hören, es wäre völlig erschöpft?
Sicherlich nicht. Kinder machen von Natur aus etwas anders als Erwachsene, und das bringt ihnen Lebensfreude und ein ganz natürliches Glücksgefühl.
Sprüche wie: »Lasst uns wieder wie Kinder werden!« klingen gut, helfen aber nicht. Wir sind erwachsene Menschen, haben über viele Jahre hinweg unsere Lebensgeschichte geschrieben, voll von guten und weniger guten Erfahrungen. Wir können nicht mehr werden wie Kinder. Wir können uns kindisch benehmen, aber das wird höchstens kurzfristig vermeintliche Lebensfreude bringen.

Dennoch haben wir eine Chance auf ein Leben mit einem guten inneren Grundgefühl. Wir können diese Zufriedenheit zurückgewinnen, mit der Kinder die einfachsten Tätigkeiten nachgehen. Dafür müssen wir nur etwas lernen, was Kinder ganz intuitiv verstehen und was uns verloren gegangen ist.

Was machen Kinder anders als wir Erwachsenen?

Kinder können stundenlang auf dem Boden sitzen und ein kompliziertes Gebilde aus Legosteinen zusammenbauen. Zum Leidwesen ihrer Eltern spielen sie alle möglichen Spiele auf allen möglichen Konsolen, Handys und iPads. Wenn irgendwo noch Bäume stehen, weil sie Erwachsene nicht abgeholzt haben, bauen sie dort Baumhäuser. Manche Kinder basteln mit Leidenschaft, andere zeichnen ein Blatt nach dem anderen voll. Kinder können in diese Tätigkeiten völlig versinken. An Ferientagen können sie vom Aufstehen bis spät am Abend ununterbrochen spielen. Am Meer, am See oder im Schwimmbad sieht man sie unermüdlich im Wasser toben, springen, tauchen, lachen und paddeln, selbst wenn die Lippen schon blau vor Kälte sind. Sagt eines dieser Kinder am Abend, es sei völlig erschöpft? Nein.

Erwachsene tun den ganzen Tag auch sehr viel, von alltäglichen Tätigkeiten über ihre Arbeit bis zu Freizeitbeschäftigungen. Sie klagen häufig über Erschöpfung. Liegt das daran, dass sie zu viel machen? Meiner Beobachtung nach nicht. Der Unterschied zwischen Kindern und Erwachsenen liegt in der inneren Einstellung, die Kinder ganz natürlich haben, auf die sie hören und der sie folgen. Die erste Reaktion, die bei solchen Schilderungen kommt, lautet meist: Kinder haben es auch einfach im Leben. Keine Verantwortung, kein Druck, keine Vorgesetzten.

Dieses Argument lasse ich aber nicht gelten. Denken Sie zurück an Ihre eigene Kindheit. Erinnern Sie sich einmal ohne rosarote Brille, was Sie damals alles gefühlt haben. War das eine völlig sorglose und angstfreie Zeit? Gab es keinen Druck durch andere Kinder? Waren Sie nie ausgeschlossen vom Spiel der anderen? War damals wirklich alles so einfach?

Wir sollten die Kindheit ernst nehmen. Denn in ihr liegen Zufriedenheit und Glück.

Ich kann mir nicht vorstellen, dass ein Mensch, der sich ehrlich erinnert, behauptet, in der Kindheit wäre alles nur wunderbar gewesen. Wer glaubt, die Kindheit sei nichts anderes als eine sorgenfreie Zeit, der nimmt sie nicht ernst. Wir sollten sie aber ernst nehmen, denn in ihr liegen Zufriedenheit und Glück. Diese Glückskraft haben wir, das kann ich an dieser Stelle schon verraten, als Erwachsene nicht verloren. Sie wiederzufinden ist allerdings eine Herausforderung.

Kinder sind kleine Menschen, keine kleinen Erwachsenen. Diese Sichtweise halte ich für wichtig. »Kinder sind ein so dankbares Publikum.« Als Autor von Kinderbüchern höre ich diesen Satz oft. Er stimmt auch. Aber nur, wenn die Werke die Kinder berühren und begeistern. Anders als Erwachsene beherrschen sie nicht die leidende Geduld oder Gelassenheit, etwas still zu ertragen, das ihnen nicht gefällt. Bei Veranstaltungen werden sie unruhig und drücken ihr Missfallen durch Reden oder gelangweilte Gesichter aus. Bücher, die nicht schon auf der ersten Seite ansprechen, werden weggelegt und nur auf Druck von Erwachsenen noch einmal angesehen.

Für mich trifft deshalb eine andere Aussage zu: Kinder sind aufgrund ihrer Direktheit und Ehrlichkeit ein herausforderndes Publikum, das schnell wittert, wenn es jemand mit ihnen nicht ehrlich meint oder sie von oben herab belehren will. Das lassen sie sich nicht gefallen.

Wie verhalten sich aber Erwachsene?

Ihnen fällt es oft schwer einzugestehen, wenn sich etwas nicht richtig anfühlt. Egal ob in der Beziehung, im Beruf oder in ihrer Freizeit. Sie haben Angst, etwas zu verändern oder sich überhaupt zu fragen, was sie eigentlich wirklich wollen.

Wer mehr Glücksmomente erleben und Freude spüren möchte, der sollte – so meine Meinung – nicht nach zusätzlichen äußeren Reizen suchen, sondern zuerst einmal auf Forschungsreise in sein Inneres gehen. Es gehört Mut dazu, sich einige Fragen ehrlich zu beantworten. Es kann sogar ein wenig schmerzend sein oder irritierend. Aber es wird sich lohnen.

EIN PAAR FRAGEN

Was tue ich nur, weil die anderen es auch tun? Was mache ich, obwohl es mir widerstrebt? Habe ich eine berufliche Tätigkeit gewählt, die mich erfüllt, oder tue ich etwas, weil man es von mir erwartet, weil ich damit den höchsten Verdienst erziele oder weil ich eben gerade keine andere Stelle bekommen konnte? Verbringe ich meine Freizeit mit Beschäftigungen, die sich für mich wie ein Spiel anfühlen, oder habe ich sie aus anderen Gründen gewählt?

Wir können unser Leben glücklicher gestalten, wenn wir uns die Glückskraft der Kinder aneignen. Dafür ist, wie schon erwähnt, kein Rückfall ins Infantile nötig, sondern ein Training darin, einiges an Erziehung und Bildung, die unser Persönlichkeitsbild nicht erweitert, sondern eingeschränkt hat, und die berühmten »Man soll und darf«-Gedanken über Bord zu werfen.

Das größte Glück steckt im Spiel, für Kinder und Erwachsene. Das Spiel aber muss dem angeborenen Lebenswohlgefühl entsprechen, das wir alle besitzen. Dieses Gefühl ist individuell und von Mensch zu Mensch in den verschiedensten Variationen zu finden.

Was habe ich als Kind geliebt?

Wer seinem Lebensglück auf die Spur kommen will, der kann einiges beim Betrachten der eigenen Kinderfotos erfahren. Sie helfen dabei, sich zu erinnern, in welchen Situationen und bei welchen Beschäftigungen Sie sich als Kind am wohlsten, am stimmigsten gefühlt haben. Wann waren Sie wirklich bei sich?

Ich zum Beispiel war ein stilles Kind, eher ein Einzelgänger. Mit acht Jahren habe ich zum ersten Mal versucht, ein Buch zu schreiben. Mit sechzehn habe ich einen großen Jugendwettbewerb gewonnen, zu dem ich Fernsehdrehbücher für eine Kinderserie eingeschickt hatte. Nach der Schule bin ich diesen Neigungen aber nicht nachgegangen, sondern dachte, ich müsse einen »anständigen« Beruf ergreifen und studieren. Zuerst habe ich Veterinärmedizin inskribiert, danach Theaterwissenschaften und Publizistik. Glücklich und wirklich ich selbst war ich als Kind nur dann, wenn ich Geschichten erfinden und auf alle möglichen Arten erzählen und ausdrücken konnte. Für mich ist das bis heute die höchste Lust. Das Erfinden gibt mir ein unvergleichliches Glücksgefühl.

Wenn ich sehe, wie Ideen langsam lebendig werden, verspüre ich die größte Freude. Das fertige Werk ist schön, die Zeit der Entstehung ist aber noch viel schöner.

Diese Freude hat nicht nur Bücher hervorgebracht, sondern auch viele TV-Sendungen, Abenteuerwanderwege in den Bergen, Abenteuerführungen durch Sehenswürdigkeiten und sogar einen Erlebnisraum auf dem Flughafen Wien.

Auf unser tiefes inneres Grundlebensgefühl kommt es an, wenn wir Glück erfahren wollen.

In meiner Freizeit bin ich mir treu geblieben. Ich lebe lieber etwas zurückgezogen, mit wenigen, aber guten Freunden und Freundinnen. Auf Partys fühle ich mich nicht wohl, ich war nie der Draufgänger, auch wenn ich eine Weile dachte, ich müsste es sein.

Das Glücksgefühl, das ich als Kind im Spiel und in meinem Sein entdecken durfte, ist die Grundlage meines erwachsenen Lebens. Wenn ich nicht darauf geachtet und mich zu Tätigkeiten oder Beschäftigungen gezwungen habe, die sich gegen dieses Grundgefühl richteten, wurde ich erschöpft oder immer widerwilliger. Wir Erwachsenen tun sehr vieles, weil wir meinen, es müsste geschehen. Wir wollen gut verdienen, gute berufliche Positionen, Statussymbole und eine hohe Lebensqualität, die man erkaufen kann, wenn man das nötige Kleingeld besitzt. Das alles ist weder verwerflich noch schlecht oder negativ, wenn wir dafür nicht den hohen Preis der Erschöpfung und des Dauerstresses zahlen.

An die tägliche Arbeit kann mit sehr ähnlichen Motivationen und Emotionen herangegangen werden, die Kinder beim Spielen müde, aber nie erschöpft werden lassen. Sie tun im Spiel nur das, was sie erfüllt und ihrem tiefen inneren Grundlebensgefühl entspricht. Dieses Grundlebensgefühl, das wir alle haben, gilt es zu erkennen. Es wird im Laufe der Jahre von vielen Faktoren, etwa Erziehung und Schule, verdeckt wie von dicken Wolken. Wenn wir spüren, dass wir nicht weiterkommen, wenig Freude an unserer Tätigkeit haben und das Leben als immer beschwerlicher empfinden, sind nicht nur äußere Faktoren schuld. In den meisten Fällen tun wir Dinge auf eine Art, die uns widerspricht.

Spielerisch arbeiten

Es ist möglich, das Leben und die Aufgaben, die wir erfüllen wollen, so spielerisch anzugehen, wie wir als Kinder an unsere Lieblingsbeschäftigungen herangegangen sind. Damit uns das gelingt, müssen wir das eigene Leben analysieren und erforschen. So, als würden wir uns von außen sehen. Wir müssen den Mut aufbringen, genau hinzusehen und uns einzugestehen, was wir tun, obwohl es unserer Persönlichkeit widerspricht.

Unser Beruf sollte eine Tätigkeit sein, die uns erfüllt. Manche Tage können anstrengend sein, Ärger mit KollegInnen und Vorgesetzten bleibt uns nicht erspart, aber der Lohn ist nicht nur das Einkommen, sondern die innere Zufriedenheit. Selbst Tätigkeiten, die ausschließlich zum Geldverdienen angenommen werden, können mit anderen Augen gesehen werden. Sie müssen kein bloßes Abrackern sein, das uns erschöpft und mehr oder minder widerlich ist. In diesem Fall gilt es die Einstellung zu dem zu verändern, womit wir uns in unserem Beruf befassen.

Kinder bekommen für das Spielen nichts bezahlt. Selbst das Angebot, ihr Taschengeld zu erhöhen, wird sie nur schwer dazu bringen, etwas zu tun, das sie nicht tun wollen. Für kein Geld der Welt räumt ein Kind freudig sein Zimmer auf. Erwachsene tun aber viele Dinge für Geld, auch wenn ihnen die Tätigkeiten widerstreben oder die Belastung groß ist.

✳

Würden wir unsere berufliche Tätigkeit
sogar ohne Bezahlung machen,
weil sie uns so viel Freude bereitet?

Wer diese Frage mit Ja beantworten kann, der hat bereits einiges der Glückskraft eines Kindes in sich und in seinem Leben. Der berühmte Flow, den wir bei unseren Arbeiten erreichen wollen, ist etwas, das Kinder ganz natürlich haben. In den Tätigkeiten, die sie im tiefsten Inneren lieben und die sie begeistern, scheinen sie zu versinken und die Welt rund um sich nicht mehr wahrzunehmen. Kurse zum Thema Flow sind sinnlos, wenn wir keine Tätigkeiten kennen, in die wir versinken können. Das ist nicht nur beruflich gemeint, sondern gilt auch für alle Freizeitaktivitäten. Wozu Golf spielen, wenn sich dabei kein Flow einstellt? Wozu laufen, wenn es nur als anstrengend und schmerzhaft empfunden wird? Leidenschaftliche Golfspieler und Läufer, deren Natur diese Tätigkeiten entsprechen, haben nie einen verkrampften Gesichtsausdruck. Sie mögen sehr konzentriert sein und Durchhaltevermögen beweisen. Ihre Grundhaltung aber ist eine Lockerheit, die der nötigen Anspannung für den Sport entgegenkommt.

Müssen wir wirklich zu Partys gehen, wenn wir keine Lust haben? Es braucht Mut abzusagen, aber es kann glückliche Stunden zu Hause bringen. Je weniger wir meinen, bestimmte freiwillige Tätigkeiten tun zu müssen, desto mehr kommen wir zu uns und damit zu dem Grundgefühl, das uns als Kinder im Spiel hat glücklich werden lassen.

Neugier und Entdeckungslust

Das Glücksgefühl der Kinder hat noch diesen zweiten Faktor, der vielen Erwachsenen verloren geht: Neugier und Entdeckungslust. Es gibt jeden Tag Gelegenheiten, Neues zu erfahren und zu entdecken (und damit meine ich nicht den Tratsch, der unsere langweiligen Stunden ausfüllt). Wer abgebrüht durchs Leben geht und sich an den kleinen und größeren Wundern des Alltags nicht erfreuen kann, wen es nicht interessiert, mehr über diese Wunder zu erfahren, der bringt sich selbst um glückliche Momente des Staunens.

Das Staunen über die kleinen Wunder des Lebens – das macht unser alltägliches Glück aus.

Als ich einen Kinder-Audioguide für den Wiener Stephansdom gestaltet habe, wollte ich von den Damen und Herren, die Schulklassen durch den Dom führen, wissen, welche Fragen ihnen denn häufig gestellt werden. Man dürfte kaum erraten, was die mit Abstand häufigste Frage ist: Wie schwer ist der Dom?

Wärst du jemals auf die Idee gekommen, so etwas wissen zu wollen? Dabei ist die Frage mehr als berechtigt. Schließlich wurde jahrhundertelang an dem Dom gearbeitet und es mussten dafür ganze Steinbrüche abgebaut werden.

Es gibt übrigens auch eine Antwort: Das Gewicht des Domes wird auf 35 000 Tonnen geschätzt. Das entspricht dem Gewicht von 10 000 Elefanten. So viele Elefanten könnten alle Gassen und Straßen der Innenstadt füllen, und dann hätte kein einziges Auto mehr Platz. Beeindruckend, nicht wahr?

Sehen wir die Welt wieder mit neugierigen, staunenden Augen, gehen wir mit Offenheit und Interesse an die Wunder des Alltags heran. Dann werden wir wesentlich mehr Glück erleben als beim Ansehen der Nachrichten.

Wissenssendungen für Kinder sind bei Erwachsenen beliebt. Genauso Erlebnisführungen für Kinder in Schlössern. Beides ist interessanter, vor allem aber auch lebendiger gestaltet als Programme für Erwachsene mit Jahreszahlen, Namen von Epochen und langen Aufzählungen. Da Kinder begeistert werden wollen und gnadenlos sind, wenn ihnen etwas nicht gefällt, muss alles Wissen so aufbereitet werden, dass es begeistert und verständlich ist. Wir müssen einiges an Verschüttung in uns beseitigen, das uns frustriert, verbittert und desillusioniert. Darunter – das garantiere ich – liegt der Schatz der Begeisterung, der Neugier, der Freude und des Spieles, das in den Flow bringt, verborgen.

Die Themen unseres Alltags, Finanzen, Steuern, Arbeitsplatz, Streitigkeiten und Zeitnot, bleiben niemandem erspart. Die Zugangsweise zu den Tätigkeiten liegt aber in unserer Verantwortung. Wir brauchen mehr von allem, was uns innerlich entspricht und sich leicht und fröhlich anfühlt, und weniger von allem, was den Beinamen »Ich sollte« trägt.

Mut zum Staunen haben. Sich Zeit dafür nehmen. Eltern, die nicht zu Ausbildungsmanagern ihrer Kinder geworden sind, sondern das gemeinsame Erleben schätzen, berichten oft von den ungeahnten Entdeckungen und Erkenntnissen, die sie gewinnen konnten.

Der Weg zu mehr Lebensglück für Erwachsene besteht in einer inneren Befreiung und Erleichterung.

Weißt du, wie man eine Stecknadel auf der Wasseroberfläche schwimmen lassen kann? Wird die Nadel nur ins Wasser geworfen, so geht sie unter. Wird sie mithilfe einer aufgebogenen Büroklammer vorsichtig auf die Oberfläche gelegt, wird sie von der Spannung zwischen den Wasserteilchen getragen. Es funktioniert auch, die Nadel auf einem Stück Löschpapier auf das Wasser zu legen. Das Papier geht unter, die Nadel schwimmt.

Ein Physikprofessor in den USA hatte seiner kleinen Tochter die Aufgabe gestellt, die Nadel schwimmen zu lassen und sie dafür waagerecht auf die Oberfläche zu legen. Natürlich hat er damit gerechnet, von ihr eine der beiden oben beschriebenen Möglichkeiten genannt zu bekommen. Niemals aber wäre er auf die Idee gekommen, die ihm seine Tochter vorgeschlagen hat: Wir stellen die Schüssel mit Wasser ins Tiefkühlfach und lassen das Wasser frieren. Dann können wir oben die Nadel auflegen. Das Wasser taut auf und die Nadel schwimmt.

Und tatsächlich: Es funktionierte. Der Professor gestand ein, dass nur einem offenen und unverbildeten Geist eine solche Lösung einfallen kann. Der Weg zu mehr Lebensglück für Erwachsene besteht in einer inneren Befreiung und Erleichterung. Das ist möglich, aber eine Herausforderung.

Nehmen wir diese Herausforderung an. Es wird uns viel Neugier und Begeisterung bringen. Und es wird uns zeigen, wer wir wirklich sind – und was uns glücklich macht.

Thomas Brezina wurde mit mehr als 500 Büchern für Kinder und Jugendliche in vielen Ländern der Erde bekannt. Freude und Begeisterung in das Leben von Menschen zu bringen ist sein Ziel. Die Frage, wie wir ein erfülltes und glückliches Leben gestalten können, beschäftigt ihn seit vielen Jahren. Seine Erkenntnisse, die er selbst erfolgreich einsetzt, beschreibt er in seinen Ratgebern für Erwachsene, die allesamt auf den Bestsellerlisten gelandet sind. Über Lebensfreude erzählt Thomas Brezina auch in seinem wöchentlichen Podcast »Einfach glücklich – Der 5-Minuten-Freudekick« sowie auf Instagram und Facebook.

www.instagram.com/thomasbrezina

Susan Sideropoulos

SETZ DOCH MAL DIE ROSAROTE BRILLE AUF

Lieber Leser, liebe Leserin, wollen wir uns duzen? Das macht die ganze Sache doch gleich ein bisschen vertrauter und obwohl wir uns nicht kennen, fühlt es sich ein wenig so an, als wären wir Freunde. Lass uns über das Glück sprechen. Ich möchte dir kurz ein wenig über mich erzählen. Mir hat man mein ganzes Leben immer gesagt »Setz doch mal die rosarote Brille ab« und ich habe immer gesagt: »Nein, setz doch mal die rosarote Brille auf!«

Ich fokussiere mich schon immer ganz bewusst auf die positiven Dinge im Leben. Oft hörte ich, ich wäre leichtgläubig, unrealistisch, böse Zungen nennen mich naiv.

»Ach, Susan, die Welt ist nicht rosarot.«

Ist sie nicht???

Wenn ich zurück auf mein Leben schaue, würde ich mich als Glückskind bezeichnen. Auch wenn die Schattenseiten ebenso groß wie die Sonnenseiten waren. Ich habe das »Glück« nie infrage gestellt. Ebenso wenig, ob es da ein Geheimrezept gibt, geschweige denn etwas wie eine Anziehungskraft. Erst durch einen Tiefpunkt, den ich vor fünf Jahren erlebt habe, hat sich meine Sichtweise verändert. Ich fing an, mir die Frage zu stellen, ob das mit dem Glück nun reiner Zufall ist – oder hat es doch etwas mit unserer Sichtweise zu tun?

Was macht Glück aus?

Da du dieses Buch gewählt hast, kann ich mir gut vorstellen, dass auch du auf der Suche bist. Was suchst du? Das Glück? Siehst du dich als jemanden, der vom Glück nicht beachtet wird? Oder geht es dir wie mir? Hast du dein Glück unterwegs verloren? Zumindest hatte ich das gedacht.

Können wir das Glück denn wirklich verlieren? Können wir es finden? Und wenn ja, wo? Dafür müssten wir es erst einmal definieren. Was denkst du? Sind es Statussymbole, sind es ein Partner, Kinder, ein guter Job? Oder ist es Freiheit oder vielleicht Wohlstand? Je mehr wir das Glück von äußeren Umständen abhängig machen, desto schwieriger ist es natürlich, es zu bekommen oder vielmehr: es zu halten. Ich denke, es ist ein guter erster Schritt, sich seine Wünsche genauer anzuschauen. Wovon mache ich mein Glück abhängig? Wir kennen es alle: Auf die simple Frage »Bist du glücklich?« folgt oft ein längeres Nachdenken und dann eine Antwort wie: »Eigentlich schon, wäre da nur noch diese eine Sache …« Was ist diese eine Sache bei dir, die fehlt? Es ist nämlich so: Hinter jedem Wunsch steckt ein Bedürfnis. Vielleicht ist deine Antwort:

Ich wünschte, ich wäre reich.

Dann kannst du dich fragen: Warum?

Weil ich dann unabhängig wäre.

Warum willst du das?

Damit ich meiner Familie etwas bieten kann.

Was wünscht sich deine Familie von dir?

Mehr Zeit.

Warum hast du keine?

Weil ich zu viel arbeite.

Warum arbeitest du so viel?

Und so weiter.

Sehr oft braucht es zum Glück gar nicht die Erfüllung einer ganz bestimmten Sache, da wir das Bedürfnis, das dahintersteckt, häufig auf eine ganz andere Weise erfüllen können. Es lohnt sich, genauer hinzuschauen und das Fragespiel mal durchzuspielen.

──── ES WAR EINMAL EIN FISCHER ────

Ein Fischer – irgendwo am Meer – fährt jeden Tag mit seinem kleinen Fischerboot raus, fängt zwei Fische und kehrt am Mittag wieder zurück zu seiner Familie. Gemeinsam grillen sie die Fische am Strand und verbringen anschließend die Zeit miteinander.

Irgendwann kommt ein Manager, irgendein hoher Unternehmer, vorbei, er macht im Dorf des Fischers Ferien. Er beobachtet den Fischer für ein paar Tage und wundert sich, warum er immer nur mit zwei Fischen wieder zurückkommt.

Ganz der Unternehmer, der er ist, geht er irgendwann zum Fischer und fragt ihn, warum er eigentlich immer nur zwei Fische fange und ob da draußen denn nicht mehr zu angeln wären.

Die Antwort des Fischers ist, dass es selbstverständlich mehr Fische gäbe, aber dass ja die zwei Fische, die er täglich fange, genug seien für ihn und seine Familie.

Daraufhin schlägt der Unternehmer Folgendes vor: »Du könntest doch trotzdem mehr Fische fangen und die übrigen dann einfach verkaufen.«

Der Fischer fragt zurück, was er davon hätte, woraufhin der Unternehmer ihm mitteilt: »Dann kannst du mit dem Verkauf der übrigen Fische Geld verdienen.«

Der Fischer fragt wieder: »Und was mache ich dann mit dem zusätzlichen Geld?«

»Du kannst irgendwann vielleicht sogar Mitarbeiter einstellen!«

Erneut wundert sich der Fischer und fragt: »Und was mache ich dann mit den Mitarbeitern?«

»Na ja, mit mehr Mitarbeitern kannst du dann noch mehr Fische fangen und diese verkaufen und damit noch mehr Geld verdienen«, antwortet der Manager.

Aber auch hier erkennt der Fischer den Wert noch nicht und fragt wieder: »Und dann?«

»Dann hast du vielleicht irgendwann eine eigene Fabrik, ein wirklich großes Unternehmen, und kannst sehr viel mehr verkaufen und verdienen!«, erwidert der Manager.

»Und was habe ich davon?«, fragt der Fischer wieder.

»Tja, irgendwann verdienst du dann vielleicht so viel Geld, dass du gar nicht mehr arbeiten musst! Das wäre doch toll!«, ruft der Manager begeistert aus.

»Und wenn ich dann nicht mehr arbeiten muss, kann ich dann machen, was ich will?«

Hocherfreut, dass der Fischer nun endlich verstanden hat, antwortet der Manager: »Ja, absolut! Du musst nicht mehr arbeiten und kannst tun und lassen, was du willst!«

»Kann ich dann auch jeden Tag mit meinem Boot rausfahren, zwei Fische für mich und meine Familie fangen? Diese zum Mittagessen grillen? Und den Nachmittag dann mit meiner Frau und den Kindern am Strand verbringen und die Zeit genießen?«

»Ja, all das kannst du dann tun!«, bestätigt der Manager.

Nachdenklich schaut der Fischer ihn an ... und antwortet schließlich: »Aber genau das mache ich doch jetzt schon jeden Tag!«

Deine rosarote Brille

Manchmal liegt die ganze Krux einfach an unserer Perspektive. Jeder Mensch sieht die Welt durch seine Brille, und diese Brille, das sind unsere Erfahrungen. Sonst wäre es gar nicht möglich, dass zwei Menschen gemeinsam dieselbe Situation erleben und sie komplett anders wahrnehmen. Aber wir müssen gar nicht von zwei verschiedenen Menschen sprechen. Auch du kannst in zwei unterschiedlichen Momenten dasselbe erleben und es komplett anders wahrnehmen. Warum ist das so?

Es ist unser persönlicher Filter. Also ist unsere Perspektive auf die Dinge ausschlaggebend. Deshalb möchte ich dir heute gern etwas mitgeben für deinen weiteren Weg, und zwar ein Geschenk – einen Glücksbringer. Ich schenke dir deine persönliche »rosarote Brille«.

Das Verrückte ist ja, das die rosarote Brille in unserer Gesellschaft fast als etwas Negatives gilt. Genau aus diesem Grund hörte ich zur Genüge, ich solle sie doch mal abnehmen. »Die Welt ist kein Ponyhof«, »Diese hoffnungslosen Optimisten, irgendwann werden sie auf die Nase fallen«. Warum sagen die Menschen das? Warum entscheiden sie sich bewusst, die Welt ohne die rosarote Brille anzuschauen? Ich sag es dir, es ist die Angst. Und eins wissen wir:

Angst ist kein guter Ratgeber. Ja, sie schützt uns vielleicht in extremen Situationen, aber ansonsten ist sie eher störend auf unserem Weg. Sie ist die Stimme in deinem Kopf, die dir ständig alles ausreden möchte. Sie will, dass du gemütlich in deiner Komfortzone bleibst. Aber ist das noch Schutz oder nicht vielmehr traurig? Denn eines Tages, früher oder später, wirst du zurückschauen und du wirst dich über vieles ärgern, am meisten über Chancen, die du nicht genutzt hast.

Die Welt ist nicht, wie sie ist, die Welt ist, wie du bist. Und du kannst sie durch eine rosarote Brille betrachten, wenn du willst.

Ist es denn so schlimm, auf die Nase zu fallen? Ist es so schlimm zu scheitern? Auch das ist doch eine Frage der Perspektive. Ein Mensch mit einer rosaroten Brille wird dir immer sagen, dass es wahrscheinlich das Beste ist, das dir passieren konnte. Denn nun hast du eine Erfahrung gewonnen und nichts verloren. Du warst mutig und vielleicht fühlst du dich seit Langem auch wieder wirklich lebendig. Dein Körper kribbelt und du stehst wieder auf. Die rosarote Brille bedeutet: Ja sagen zum Leben. Ja sagen zu Erfahrungen. Ja sagen zu dir selbst. Denn du sitzt nicht in einem Zug, aus dem du nicht aussteigen kannst – du bist der Fahrer. Du entscheidest.

Erlaube niemals, dass die Unmöglichkeiten anderer deine Träume zerstören

Und, sind sie schon da, die Stimmen in deinem Kopf? Was sagen sie? »Wenn es so leicht wäre, dann würde es doch jeder machen!« Stimmt! Es kann auch jeder machen, nur viele entscheiden sich eben dagegen.

Oder sagt die Stimme: »Die Welt ist aber nicht rosarot. Was ist mit all den schlimmen Dingen, die passieren?« Ja, du hast recht. Es passieren schlimme Dinge! Aber was du mit ihnen machst, liegt bei dir.

»Es ist, wie es ist, und es ist das, was du daraus machst.« Auch ich muss mir das täglich sagen, bei kleinen und bei großen Situationen, deshalb hängt dieser Satz auch groß an meiner Wand. Ich brauche die Erinnerung, jeden Tag. So sind wir Menschen, wir vergessen eben schnell.

Hast du heute schon Danke gesagt?
Danke zum Leben, Danke zu all den Wundern,
die dir täglich begegnen?

Also sage ich es dir noch einmal: Ich schenke dir heute deine persönliche rosarote Brille. Sie wird deinen Fokus auf die Fülle in deinem Leben richten. Was ist schon da? Schau es dir genau an. Vielleicht war oder ist einiges los in deinem Leben, vielleicht gab es auch einen großen Schicksalsschlag, vielleicht trägst du diesen Rucksack mit diesen schlimmen Erfahrungen nun schon eine ganze Weile mit dir rum. Vielleicht ist es an der Zeit, ihn endlich abzustellen. Es ist schlimm genug, dass dir schlimme Dinge im Leben widerfahren sind. Manches wirst du rückblickend vielleicht als das Beste anerkennen, das dir je passiert ist, weil es dich in eine Richtung gelenkt hat. Kennst du den Moment? Den Moment, in dem dir plötzlich ein Licht aufgeht und du erkennst, was diese eine Sache für einen Effekt ausgelöst hat? Plötzlich wird dir klar: Ich wäre niemals hier, wenn das damals nicht genau so passiert wäre.

Jeder hat seine Wahrheit

Vielleicht bist du aber auch noch mittendrin. Dann ist genau das der Moment, in dem du deine Brille rausholen darfst. Setz sie auf und richte deinen Fokus neu aus. Es wird immer Menschen geben, die dir sagen werden, dass die rosarote Brille ein Zeichen von Schwäche ist oder dass du die Augen vor der Wirklichkeit verschließt. Aber verschließen sie vielleicht die Augen vor der Wirklichkeit? Jeder hat seine ganz eigene Wahrheit, die Kunst ist, bei sich zu bleiben und zu schauen, was ist gerade das Beste für mich. Und ich habe erkannt, dass das beste Geschenk, das ich mir selber machen kann, meine rosarote Brille ist. Sie lässt mich die Wunder sehen. Sie lässt mich die Möglichkeiten sehen. Sie lässt mich Liebe sehen. Und der graue Schleier lichtet sich. In dem Moment, in dem du all das Schöne wieder siehst, bist du automatisch dankbar.

* * *

»Es sind nicht die glücklichen Menschen, die dankbar sind, es sind die dankbaren, die glücklich sind.«

Das Aus für meinen Traum

Ich erzählte dir anfangs, dass ich vor fünf Jahren ein Erlebnis hatte, das mich komplett aus der Bahn geworfen hat. Bei mir war es eine berufliche Geschichte. Ich hatte meinen Job verloren. Klingt erst mal nicht so tragisch, du denkst vielleicht, dann sucht man sich halt einen neuen.

Aber so war es nicht. Ich bin Schauspielerin und Moderatorin und nun schon seit über zwanzig Jahren im deutschen Fernsehen unterwegs. Ich bin sehr glücklich, dass ich niemals etwas anderes machen musste und seit so langer Zeit ausschließlich davon lebe. Das ist ein Geschenk und keine Selbstverständlichkeit, das weiß ich sehr zu schätzen. Dafür habe ich mir aber auch, wie man so schön sagt, den Arsch aufgerissen. In dieser Branche muss man dafür brennen, sonst schafft man es nicht. Zu viel passiert willkürlich und oft haben wir überhaupt keinen Einfluss. Es heißt immer wieder: »Hinfallen, aufstehen, Krone richten, weitermachen.« Doch eines Tages verlor ich nicht nur einen Job, ich verlor meinen Traum.

Es war nicht nur ein Job,
es war mein Traum.

Eine große Serie, auf die ich fast zwei Jahre hingearbeitet hatte, wurde nach nur wenigen Tagen aus dem Programm genommen und mein Traum war vorbei, bevor er wirklich angefangen hatte. Das hat mir das Herz gebrochen. Es folgte ein langer schmerzvoller Weg. Ich versuchte zwar, wieder aufzustehen, aber der Schmerz war einfach zu groß.

Auf meinem weiteren Weg legte ich immer mehr Steine in meinen Rucksack. Steine aus Wut, Steine aus Angst, Steine aus Hass und Steine aus Traurigkeit. Ich hielt an ihnen fest und hatte Angst, den Rucksack abzustellen. Zu sehr war ich im Gedankenmuster verstrickt, dass hier etwas komplett falsch gelaufen war. Ich wollte die Zeit zurückdrehen und die Stimmen in meinem Kopf ließen mich nicht mehr los. Immer wieder sagten sie »Das hätte nicht passieren dürfen«, »Alles war doch perfekt«, »Warum passiert es ausgerechnet mir?«, »Das Leben ist nicht fair!«. Die Gefühle in mir waren so stark, dass ich unterbewusst so eine Angst vor der Zukunft bekam, dass ich mich an die Vergangenheit klammerte. An dieses Gefühl von unendlichem Glück, das ich in der Zeit verspürt hatte, als die Welt noch in Ordnung war.

Doch gleichzeitig erfüllte es mich mit Schmerz und riss immer wieder mein Herz auseinander. Trotzdem konnte ich den Rucksack nicht absetzen. Was dadurch passierte, ist mir heute erst klar geworden!

Vor dem Loslassen kommt das Annehmen

Meine rosarote Brille lag ganz unten im Rucksack und ich glaubte selbst nicht mehr daran, dass sie mir etwas bringt. Ich war nun die, die den Stimmen im Kopf glaubte. Die, die nicht mehr in der Lage war, die Wunder zu sehen. Und so starrte ich nur noch auf meinen Mangel und zog damit noch mehr Mangel in mein Leben. So ist es mit der Anziehungskraft, das ist nichts Spirituelles, es ist reine Energie, die sich anzieht oder abstößt. Es ist Wissenschaft.

Und ich spürte es knallhart. Ich war absolut im Widerstand, wollte unter keinen Umständen meine Situation annehmen. Ohne Annahme kannst du aber nun mal nicht loslassen. Zuerst musst du wirklich hinschauen und dafür braucht es Mut. Mutig war ich nicht mehr, und so konnte ich weder annehmen noch loslassen. Doch alles beginnt mit genau diesen beiden Tools. Wir müssen die Dinge annehmen, erst dann können wir unseren Frieden mit ihnen machen und letztlich loslassen.

Erst wer loslässt, hat wieder beide Hände frei.

Bei mir hat es etwa vier lange Jahre gedauert, bis ich diese Entscheidung getroffen habe. Bis dahin war ich damit beschäftigt, mein verlorenes Glück zu suchen. Mit dem schweren Rucksack auf dem Rücken suchte ich und suchte ich.

Doch an den völlig falschen Orten. Ich suchte im Außen. Ich wartete darauf, dass mich jemand erlöst und mir mein Glück auf dem Silbertablett zurückbringt.

Und weißt du was, jeden Tag stand ein Silbertablett voller Glück direkt vor mir, direkt vor meiner Nase – aber ich habe es nicht gesehen. Ich war damit beschäftigt, meinen schweren Rucksack zu tragen. Das macht müde, manchmal auch unverhältnismäßig wütend und aggressiv. Und dann plötzlich traurig, Tränen laufen, scheinbar ohne Grund. Kennst du das?

Der Tag, der alles veränderte

Es gab dann bei mir diesen einen Tag, der alles veränderte. Es war kein besonderer Tag, dieser Tag hätte auch der heutige sein können. Es war der Tag, an dem ich bewusst meine rosarote Brille

SETZ DOCH MAL DIE ROSAROTE BRILLE AUF

wieder aufsetzte. Es war der Tag, an dem ich bewusst meinen Fokus veränderte. Der Tag, an dem ich losging, für mich.

Es war der Tag, an dem ich mich entschieden habe, den schweren Rucksack abzustellen. Ich hatte verstanden, dass Dinge passieren, Dinge, die nicht gut sind, Dinge, die wir nicht verändern können. Aber wir können entscheiden, wie lange wir damit rumlaufen. Der Rucksack war mir zu schwer geworden und vor allem wollte ich mein Glück zurück. Ich hab verstanden, dass es gar nicht irgendwo versteckt ist, es war die ganze Zeit da. Ich war nur nicht mehr in der Lage gewesen, es zu sehen.

Wir verpassen so viel Schönes,
weil wir im richtigen Moment mit den
falschen Gedanken beschäftigt sind.

In dem Moment, als ich bewusst meine rosarote Brille wieder aufsetzte, veränderten sich der Fokus und meine Perspektive. Es war, als würde ich die Welt plötzlich wieder völlig klar sehen. Ich war mit einem Mal in der Lage, einen neuen ersten Schritt zu gehen. Ich sag es dir ganz ehrlich: Ich hatte keinen blassen Schimmer, wohin ich gehe, aber ich bin aufgestanden und losgegangen. Und was dann passierte, ist Magie. Denn in dem Moment, in dem du annimmst, loslässt, durchatmest und losgehst, öffnen sich die Türen. Das kleine Glück, das überall um dich herum ist, wird wieder sichtbar und du fragst dich: »War das alles immer da?« Die letzten zwei Jahre machte ich mich auf eine Reise, denn eine ganz neue Tür öffnete sich für mich. Ich nenne sie die Tür der

Persönlichkeitsentwicklung. Es war die Tür zu ganz neuen Fragen, die sich für mich öffnete, zu neuen Sichtweisen, zu neuen Menschen und Büchern. Büchern wie diesem hier. Das Gefühl des Neuartigen dauerte noch eine ganze Zeit an, etwa bis jetzt, bis zu dem Jahr, in dem ich mein erstes Buch schrieb und nun auch diese Zeilen für dich. Heute schaue ich zurück und bin dankbar. Ja, auch dankbar für den schweren Rucksack. Denn ohne ihn hätte ich nicht so viel gelernt, ich hätte nicht zugehört und so viel an Erfahrungen gemacht.

Meine – und deine – Superkraft

Natürlich passieren mir auch heute noch Dinge, die ich grausam finde, ungerecht und falsch. Der Unterschied liegt nur darin, dass ich sie heute annehmen kann. Manchmal geht es ganz schnell und manchmal brauche ich einen kleinen, liebevollen Arschtritt. Aber dann setze ich meine rosarote Brille auf und weiß, dass alles fließt. Kein Stillstand, jeder Moment ist neu. Ich kann entscheiden. Ist das nicht eine Wahnsinnskraft? Fast schon eine Superkraft. Ich bin der Superheld in meinem Leben und mein Kostüm ist die rosarote Brille. Mit ihr bin ich unbesiegbar. Hahahaha, ich mag das Bild. Ein bisschen kitschig, aber darauf stehe ich. Wie sieht es jetzt bei dir aus? Hast du Lust auf ein Leben voller Wunder? Dann entscheide dich für die rosarote Brille.

»Es gibt nur zwei Arten zu leben. Entweder so, als wäre nichts ein Wunder, oder so, als wäre alles ein Wunder.« Albert Einstein

Und nimm andere noch mit auf deinen Weg. Sei die Inspiration in deinem Mikrokosmos. Oft glauben wir, wir können die Welt nicht verändern, wer sind wir schon, so klein und bedeutungslos ... Ist das die Wahrheit? Nein. Du kannst der Auslöser für eine ganze Bewegung sein. Dafür musst du nicht bekannt sein oder in der Politik neue Gesetze entwerfen. Fang im Kleinen an. Warte nicht darauf, bis dich jemand anlächelt, zeige den Menschen, wie es geht. Du wirst sehen, alles ist Anziehung. Die Menschen in deiner Umgebung werden dein Licht sehen. Du musst sie nicht überzeugen. Du lebst es ihnen vor. Sie werden wissen wollen, wie du das machst. Und dann, im richtigen Moment, wirst du sagen: »Setz einfach deine rosarote Brille auf.«

Susan Sideropoulos ist eine erfolgreiche Schauspielerin und Moderatorin. Sie ist mit ihrem Jugendfreund verheiratet, gemeinsam haben sie zwei Söhne. Bekannt wurde Susan durch ihre Rolle der Verena in »Gute Zeiten, schlechte Zeiten«, viele weitere Rollen sowie Moderationen folgten in diversen Serien, Film- und Show-Formaten. Sie ist ein gern gesehener Gast in Unterhaltungssendungen und gewann unter anderem die Tanzshow »Let's Dance«. Nach einer Lebenskrise hat, wie sie es heute nennt, das Schicksal sie zur persönlichen Weiterentwicklung geführt. Heute moderiert Susan neben ihrer TV-Karriere Events von »Greator«, schreibt Drehbücher und engagiert sich für soziale Projekte. www.instagram.com/susan_sideropoulos

Katharina Tempel

DEINE BEDÜRFNISSE ZÄHLEN.
WIE SELBSTFÜRSORGE GLÜCKLICH MACHT

Als jemand, der übers Glück promoviert hat und seit vielen Jahren andere dabei unterstützt, glücklicher zu werden, sollte man meinen, ich hätte den Dreh mit dem Glück raus. Habe ich auch – theoretisch. Praktisch geht es mir nicht anders als dir: Ich bemühe mich und ich scheitere. Ich lerne dazu und ich verfalle in alte Muster. Ich bin glücklich und dann auch wieder nicht. So ist das Leben und so wird es immer sein. Denn es geht nicht ständig nur bergauf. Wir erfahren auch Durststrecken, was völlig normal ist. Du kannst noch so glücklich sein, vor Krisen ist niemand gefeit. Und dann wäre da noch die kleine, aber nicht zu vernachlässigende Sache, dass wir Menschen sind. Wir können nicht immer

100 Prozent geben. Wir machen Fehler und wir haben längst nicht alles im Griff. Natürlich wollen wir glücklich sein und »richtig« leben. Wir informieren uns dazu, sind hochmotiviert und bemühen uns redlich, die Ratschläge umzusetzen. Doch dann schlägt der Alltag mit all seinen kleinen und nicht so kleinen Krisen und Katastrophen zu. Und alles geht wieder drunter und drüber. Wenn es dir auch gerade so geht, sei versichert: Das ist in Ordnung und es ist vollkommen normal.

Kaum einer kriegt es besser hin.
Das ist die Realität, mit der wir
umgehen müssen.

Wir können und wir werden also nicht dauerhaft glücklich sein. Und das ist auch gar nicht nötig. (Und vielleicht nicht mal erstrebenswert.) Wir sollten vielmehr darauf abzielen, uns ein Leben zu erschaffen, das wir (zumindest die meiste Zeit) mögen. Ein Leben, in dem wir gelernt haben, gut mit uns selbst umzugehen. Ein Leben, in dem wir, wann immer es geht, möglichst viele Ressourcen ansammeln, von denen wir in schlechten Zeiten zehren können. Und darum ist Selbstfürsorge so wichtig!

Die Basis, die dich trägt

Es wird auch in deinem Leben Zeiten geben, in denen du die Zähne zusammenbeißen musst. Es wird Zeiten geben, in denen all deine guten Gewohnheiten über Bord wandern und du dich psychisch wie körperlich gerade so über Wasser hältst. Im echten Leben läuft es nicht immer rund. Und das ist in Ordnung. Solange du für eine Basis gesorgt hast, die dich auch in schweren Zeiten tragen kann. Auf diese Basis kommt es an. Denn ist das Wurzelwerk stabil, kann der Baum jedem noch so heftigen Sturm trotzen. Und genau das brauchen wir.

Denn das Leben ist manchmal verdammt hart. Wir alle machen Krisen durch. Wir werden krank. Wir haben Unfälle. Wir werden verlassen. Familien zerbrechen. Träume zerplatzen. Es gibt viele Dinge, die wir nicht kontrollieren können. Manchmal scheint alles über uns zusammenzubrechen und dann kann es sich so anfühlen, als seien wir verflucht. Und längst nicht immer geht es gerecht zu. Es geschehen Dinge, die wir nur schwer verstehen, geschweige denn akzeptieren können.

Ja, man kann am Leben verzweifeln. Und das würden wir sicherlich, wenn es da nicht auch die anderen Tage gäbe. Die guten Tage. Die, an denen dein Kind sich ganz eng an dich schmiegt. Die, an denen genau deine Idee den Durchbruch bringt. Die, an denen dir beim Anblick von etwas Schönem vor Ehrfurcht die Stimme versagt. Die, an denen dir genau die richtigen Worte zu genau der richtigen Zeit die Tränen in die Augen treiben.

Es gibt auch die Tage, an denen du jeden einzelnen Menschen auf diesem so unglaublich schönen Planeten in die Arme schließen möchtest. Denn ja, das Leben kann auch wunderschön sein!

Und alles, was wir machen können, ist, zu versuchen, so oft es geht für diese Tage zu sorgen und sie so sehr auszukosten, dass sie uns auch in den düsteren Zeiten nähren können. Sodass das Licht, das wir Lebensfreude nennen, niemals ausgehen wird.

MEHRE DEIN GLÜCK

Eigentlich ist es ganz einfach: Wer glücklich(er) sein möchte, sollte (häufiger) Dinge unternehmen, die ihn glücklich machen! Doch wann hast du zuletzt etwas unternommen, das dich glücklich gemacht hat? Wenn du die Termine für deine Woche festlegst, planst du dann auch Zeit für positive Erlebnisse ein? Wie viel Zeit der Woche ist Dingen verschrieben, die du nicht magst, und wie viel solchen, die dir Freude bereiten? Triffst du regelmäßig deine Freunde, gehst ins Kino, zum Malkurs, puzzelst etwas, gehst tanzen, spielst mit deinen Kindern oder verfasst Poesie?

Alles scheint wichtiger als du selbst

Auch dein Job spielt natürlich eine wesentliche Rolle in Bezug auf deine Selbstfürsorge und dein Glück. Denn wenn du fünf bis acht Stunden täglich mit einer Tätigkeit verbringst, die dir keine Freude bereitet, sondern dich womöglich sogar frustriert oder erschöpft, dann belastet das dein Wohlbefinden enorm.

Es ist schwer, sich glücklich zu fühlen, wenn man den Großteil jeden Tages Dinge macht, die man nicht ausstehen kann. Und doch kümmern wir uns im Alltag um alles Mögliche – nur nicht um unser Lebensglück. Wir nehmen alles wichtiger als uns selbst: Erst kommen die Arbeit, die Kinder, der Partner, die Meerschweinchen, der Haushalt, die Nachbarn und der Verein. Wenn uns dann wirklich gar nichts anderes mehr einfällt und noch etwas Zeit übrig bleiben sollte, dann können wir uns ja mal kurz um uns selbst kümmern. Das bedeutet in der Realität der meisten Menschen jedoch, dass sie nie zum Zug kommen. Etwas, das ich seit vielen Jahren in meiner Tätigkeit als Glücksdetektiv erlebe.

Immer wieder berichten mir Menschen, wie unglücklich sie sind. Aber wenn ich sie danach frage, wann sie zuletzt etwas für ihr Glück getan haben, schweigen sie. Gerade wenn wir unzufrieden sind, neigen wir dazu, uns zurückzuziehen. Für eine gewisse Zeit ist das völlig in Ordnung und kann sogar guttun. Doch wenn wir uns gar nicht mehr aus unserem Schneckenhaus hervorwagen oder uns permanent hinter Arbeit und Pflichten verstecken, verpassen wir die Möglichkeit, etwas Schönes oder Besonderes zu erleben. Und dann wundern wir uns, warum das Leben so trist geworden ist und wir so gar keine Freude mehr empfinden.

Darum nochmals: Wenn du glücklicher sein möchtest, tu häufiger Dinge, die dich glücklich machen!

Dein Wohlbefinden wird unmittelbar davon profitieren. Denn wenn wir dafür sorgen, dass es etwas Schönes und Genussvolles zu erleben gibt, erfahren wir nicht nur im Moment positive Gefühle. Wir können auch im Vorfeld Vorfreude empfinden und im Nachhinein in angenehmen Erinnerungen schwelgen. Jede schöne Unternehmung und jede positive Aktion birgt daher ein dreifaches

Glückspotenzial. Je mehr positive Emotionen du in deinem Alltag erlebst, umso glücklicher wirst du dich fühlen. Dafür musst du weder auf den Lottogewinn noch auf den nächsten Urlaub warten. Denn wichtiger als die Intensität der Gefühle ist ihre Häufigkeit. Ein glückliches Leben setzt sich aus vielen kleinen Momenten des Glücks zusammen. Und jeder dieser Momente verbessert deine Lebensqualität, lässt dich neue Energie tanken, stärkt deine Gesundheit und verleiht dir die notwendige Kraft und Ausdauer, um auch schwere Zeiten zu überstehen.

Wir tun gut daran, häufiger Dinge zu erleben, die uns positive Emotionen bereiten. So kann eine Aufwärtsspirale in Gang gesetzt werden, die in einem glücklichen und erfüllten Leben mündet.

Das Glück fällt meist nicht vom Himmel

Wie aber kann es gelingen, häufiger in den Genuss glücklicher Momente zu kommen? Die Antwort lautet: durch Selbstfürsorge. Denn selten fällt das Glück vom Himmel und es ist äußerst mühselig, immer auf die anderen zu warten. Wir müssen also selbst Verantwortung für unser Wohlergehen übernehmen und unsere Bedürfnisse ernst nehmen.

>>*Glücklich zu sein ist Sinn und Zweck des Lebens, das ganze Bestreben und Ziel der menschlichen Existenz.*<<
Aristoteles

FRAG DICH EINMAL GANZ EHRLICH

Warum tust du dir nicht häufiger etwas Gutes? Warum sorgst du nicht für mehr positive Erlebnisse in deinem Alltag? Was hält dich davon ab, mehr Freude in dein Leben zu bringen?

Erlaubst du es dir schlichtweg nicht? Weil du dich selbst für weniger wichtig hältst? Hältst du es für verschwendete Zeit und siehst den Nutzen nicht? Denkst du, es wäre egoistisch, etwas für dich zu tun? Stellst du dich gewohnheitsmäßig an letzte Stelle, weil du es nicht anders kennst?

Hast du einfach noch nie darüber nachgedacht, dass es eine Option wäre, gut für dich selbst zu sorgen?

Gut für dich selbst zu sorgen bedeutet nicht, nur freundlich und liebevoll mit dir umzugehen. Es bedeutet, deine Bedürfnisse ernst zu nehmen und in Übereinstimmung mit ihnen zu handeln. Wenn du dich also nach mehr Freude in deinem Leben sehnst, schenke dir dieses glückliche Leben, indem du anfängst, dein Wohlergehen wichtig zu nehmen. Du musst dich ja nicht gleich zur absoluten Priorität in deinem Leben machen (was für Eltern von Babys und Kleinkindern schier ausgeschlossen ist). Aber wie wäre es, wenn du dich an zweite oder dritte Stelle setzen würdest? Wenn du dir die Bedeutung zumisst, dass auch du glücklich sein darfst? Wie anders könnte dein Leben aussehen, wenn du dir einen Plan zurechtlegst, mit dem du ab heute mehr Glücksmomente erfahren kannst?

Das Leben ruft nach mehr

Häufiger für gute Gefühle zu sorgen ist ein naheliegender und einfacher Schritt in ein besseres Leben. Nur reicht das allein noch nicht aus. Denn die meisten Menschen sehnen sich nach mehr in ihrem Leben als nur nach guten Gefühlen. Wir wollen uns auch weiterentwickeln, wollen wachsen, zu etwas beitragen, Einfluss auf unsere Umwelt nehmen, uns verwirklichen und Neues erschaffen. Wir sehnen uns danach, so etwas wie Sinn und Verwirklichung in unserem Handeln und Tun zu erfahren.

Du kannst dich ja selbst einmal fragen: Würde es dir reichen, täglich ins Kino zu gehen, Freunde zu treffen und Kuchen zu essen? All diese Dinge würden dir gute Gefühle bescheren. Aber wäre das auf Dauer genug oder würdest du nicht irgendwann denken: »Da muss es doch noch mehr geben!«?

»Warum mache ich all das, was ich tue?«, »Was soll das alles hier?«, »Warum stehe ich morgens überhaupt noch auf?« sind Fragen, die schnell aufkommen, wenn der Sinn im Leben fehlt. Einen wirklichen Sinn im Leben gefunden zu haben, bedeutet nicht, dass wir wie Mutter Teresa unser Leben den Bedürftigen widmen müssen. Sinn stellt sich ein, wenn wir ein Leben führen, das zu uns passt. Ein Leben, in dem wir unsere Stärken einsetzen können und in Übereinstimmung mit unseren Werten handeln. Das kann das Leben im VW-Bus sein, immer auf der Suche nach der perfekten Welle. Es kann das Leben mit Großfamilie sein oder das als Mitarbeiter einer kleinen Bank.

Aufblühen auf deinem Weg

Viel zu oft leben wir jedoch ein Leben, das sich andere für uns vorstellen oder das sich so ergeben hat. Ich war fünfundzwanzig Jahre alt, als ich zum ersten Mal bewusst überlegt habe, wie ich leben möchte. Zuvor habe ich getan, was mir vorgelebt und was von mir erwartet wurde. Möglicherweise geht es dir ja ähnlich.

Vielleicht hast auch du bislang getan, was du aus deinem Umfeld kanntest, ohne groß zu überlegen, ob es auch für dich richtig ist. Wenn du nicht nur glücklich, sondern auch erfüllt leben möchtest, dann solltest du dir dein Leben so einrichten, dass du darin aufblühen kannst. Denn dein Leben muss vor allen Dingen zu dir passen. Menschen sind unterschiedlich. Wir haben verschiedene Stärken und Interessen. Wir unterscheiden uns in unseren Werten wie auch in unseren Träumen und Zielen. Was deine Freundin glücklich macht, kann dich in die Verzweiflung treiben. Was deinem Vater wichtig ist, mag dich kaltlassen. Worin dein Bruder gut ist, kann dir vollkommen fehlen.

Wir alle sind einzigartig und dürfen diese Einzigartigkeit leben: in einem Umfeld, in dem wir unsere Stärken einsetzen können, mit Menschen, die uns zu schätzen wissen, und in Übereinstimmung mit unseren Werten und Zielen.

Tust du manchmal Dinge, die dir zuwider sind, weil andere sie von dir verlangen? Schließt du häufiger Kompromisse, die sich für dich falsch anfühlen? Stellen sich dir manchmal die Nackenhaare auf bei dem, was du in deinem Job tun musst? Wenn wir von einem authentischen Leben sprechen oder davon, sich selbst treu zu sein, geht es nicht darum, in jeder Situation seine Meinung rauszuposaunen. Es bedeutet vielmehr, sich über die persönlichen Werte bewusst zu werden und das eigene Leben so zu gestalten, dass man in Übereinstimmung mit ihnen agieren kann.

Selbstfürsorge ist auch hierzu der Schlüssel. Denn abermals gilt es auf unsere Bedürfnisse zu achten und gut zu uns selbst zu sein. Wer in einer Beziehung bleibt, in der die eigenen Werte wie Ehrlichkeit, Vertrauen und Loyalität mit Füßen getreten werden, der handelt nicht selbstfürsorglich. Wer in einem Job ausharrt, in dem er ständig nur bemüht ist, seine Schwächen zu kaschieren, und sich deswegen permanent wie ein Versager fühlt, ist nicht gut zu sich selbst. Wer seine Träume kleinhält, um niemanden vor den Kopf zu stoßen, wird seinen Bedürfnissen nicht gerecht.

Gut für sich selbst zu sorgen bedeutet hinzuschauen, ehrlich zu sein und sich zu fragen:

* Wie geht es mir gerade?
* Wonach sehne ich mich?
* Was fehlt mir im Leben?
* Was ist mir wichtig?
* Wovon träume ich?

Und das nicht nur einmal, sondern immer und immer wieder. Nur so können wir sicherstellen, dass wir uns im Labyrinth des Lebens nicht verirren. Dass wir nicht falsch abbiegen, weil wir die Stimmen der anderen wichtiger nehmen als unsere eigene. Dass wir nicht irgendwann aufwachen und merken, dass unser halbes Leben vorüber ist, ohne dass wir etwas von den Dingen getan haben, die wir erleben wollten.

*Lebenszeit geht unwiderruflich verloren.
Sie kommt nie mehr zurück.*

Und doch leben wir oft so, als ob das Leben etwas wäre, das wir abarbeiten müssten: Schule? Check. Uni? Check. Job? Check. Wohnung? Check. Kind? Check. Gegen all diese Dinge ist überhaupt nichts einzuwenden. Sie sind ganz wunderbar, wenn du sie denn willst. Aber du musst sie auch wollen und sie müssen zu dir passen. Tun sie das nicht, stellst du vielleicht alle anderen zufrieden. Aber was ist mit dir selbst?

»Jeder fragt, ob du Karriere machst, ob du verheiratet bist oder ein Haus besitzt. Als ob das Leben ein Einkaufszettel wäre. Niemand fragt, ob du glücklich bist.«
Heath Ledger

Stell dir vor, der Sinn des Lebens bestünde darin, glücklich zu sein. Hätten all die Dinge, von denen du denkst, dass du sie tun musst, noch irgendeine Bedeutung? Wir haben nur dieses eine Leben. Und doch scheren wir uns im Alltag mehr darum, was die Nachbarn denken, als dass wir unsere Träume verfolgen. Wir kümmern uns intensiver um die perfekte Figur, als dass wir etwas finden, das uns sinnvoll erscheint. Wir legen mehr Wert auf unseren Kontostand als auf unsere Gesundheit und unser Lebensglück. Was zählt denn am Ende wirklich, wenn wir dieses Leben verlassen müssen? »Ich wünschte, ich hätte den Mut gehabt, mein eigenes Leben zu leben!« ist ein Bedauern, das manche Menschen kurz vor ihrem Tod äußern. Nämlich dann, wenn sie merken, dass all die Dinge, um die sie jahrelang gekreist sind, im Endeffekt überhaupt keine Bedeutung haben.

Lebe du dein eigenes Leben. Indem du deiner Stimme Gewicht verleihst. Indem du herausfindest, was dir gefällt und was dir guttut. Indem du Situationen veränderst, die dich unglücklich machen, und indem du dich für deine Träume und Ziele einsetzt.

Sei gut zu dir selbst

Wenn du glücklich und erfüllt leben möchtest, führt kein Weg an Selbstfürsorge vorbei. Es ist der achtsame Umgang mit deinen Bedürfnissen, der dich aufblühen lässt. Dazu musst du dir jedoch erlauben, ihnen Raum zu geben. Du solltest dir wirklich zuhören, statt deine Gedanken und Gefühle zu verdrängen oder zu ignorieren. Du darfst ehrlich mit dir sein und dich mit dir selbst konfrontieren. Womöglich bedeutet das von Zeit zu Zeit auch, unbequeme Entscheidungen zu fällen oder Konflikte auszutragen. Selbstfürsorge ist nicht immer bequem.

Der Lohn für deine Mühen wird jedoch sein, dass du mehr und mehr bei dir selbst ankommst. Dass dein Wohlbefinden steigt und du dich immer häufiger gut fühlst.

Der Lohn für deine Mühen wird sein, dass du dich besser kennenlernst. Dass du Entscheidungen treffen kannst, die wirklich zu dir passen. Dass dir Schritt für Schritt bewusst wird, wie dein Leben aussehen soll. Und dass dir bei dem Gedanken, diesen Weg zu verfolgen, ganz leicht und fröhlich zumute wird.

Natürlich kannst du dich auch für einen anderen Weg entscheiden. Kannst weiter gegen dich ankämpfen, statt dir freundlich zu begegnen. Kannst deine Bedürfnisse ignorieren, statt hinzuhören, wonach du dich tief in deinem Herzen sehnst. Nur, wie glücklich kann dein Leben werden, wenn du im ständigen Kampf mit dir selbst stehst? Wie viel Erfüllung kannst du finden, wenn du permanent über deine Bedürfnisse hinwegsiehst?

Wir haben es doch oft schon schwer genug. Da müssen wir es uns nicht auch noch selbst schwer machen. Im Gegenteil: Unser Job ist es, wann immer wir können, gut zu uns selbst zu sein. Denn die Sache ist die: In diesem Leben steht dir niemand näher als du selbst. Du wirst nie einen besseren Freund oder einen engeren Verbündeten finden. Du selbst bist deine wichtigste Ressource, die, wenn du sie richtig einsetzt, alles überwinden kann.

Wenn du von vornherein akzeptierst, dass du fehlerbehaftet bist, und dir erlaubst, zu lernen und zu wachsen, kannst du nachsichtig und mitfühlend mit deinen Makeln umgehen. Wenn du dich immer mal wieder freundlich daran erinnerst, dass Rückschläge dazugehören und niemand den Dreh wirklich raushat, kannst du Selbstkritik und schlechtes Gewissen in die Schranken weisen. Wenn du jeden Tag ein kleines bisschen wohlwollender auf dich blickst und freundlicher mit dir umgehst, wird sich dein Leben leichter anfühlen. Wenn du Schritt für Schritt mehr auf deine Bedürfnisse achtest, wirst du mehr Glück und Erfüllung finden.

✳

»Wer einmal zu sich selbst gefunden hat,
der kann nichts auf dieser Welt mehr verlieren.«
Stefan Zweig

Jedes Mal, wenn du fürsorglich mit dir umgehst, verbesserst du die Beziehung mit dir selbst. Jedes Mal, wenn du dir ein Bedürfnis erfüllst, sammelst du wertvolle Ressourcen. Ressourcen, von denen du ab diesem Moment in schweren Zeiten zehren kannst. Nichts, was du für dich tust, ist je vergeudet. Denn all die gewonnenen Momente und Erfahrungen machen dich stark. So kannst du Wurzeln schlagen, die tief in die Erde ragen und die nichts auf dieser Welt wieder rausreißen kann.

Ich wünsche dir, dass du auf Basis dieser Selbstfürsorge ein glückliches und erfülltes Leben führen kannst. Vielleicht nicht an jedem, aber doch an jedem anderen Tag.

Alles Liebe

Deine Katharina

Dr. Katharina Tempel ist Bestsellerautorin und unterstützt als eine der erfolgreichsten Online-Coaches im deutschsprachigen Raum Menschen dabei, glücklicher zu werden und ein erfüllteres Leben zu führen. In ihrer Doktorarbeit untersuchte die Expertin für Positive Psychologie Übungen zur Steigerung des Wohlbefindens. Ihre Website »Glücksdetektiv« und der gleichnamige YouTube-Kanal werden monatlich rund 800 000 Mal aufgerufen. Katharina lebt mit Mann und Kind in Berlin. www.gluecksdetektiv.de

Prof. Dr. Martina Leibovici-Mühlberger

MACH DEINE LIEBESBEZIEHUNG ZU DEINER »GLÜCKSMEDIZIN«

Wenn du erwarten solltest, auf den nächsten Seiten ein paar einfache Rezepte und Tipps vorzufinden, wirst du enttäuscht werden. Hier wartet ehrliche Arbeit auf dich. Immerhin geht es um nicht weniger als darum, deine Liebesbeziehung zu deiner »Glücksmedizin« zu machen.

Die medizinische Krise Covid-19 ist gleichzeitig ein Stresstest für unsere Beziehungen, wird allgemein gemunkelt. Diese Behauptung erweist sich als sehr aufmerksame Beobachtung. Denn die Krise wühlt eindeutig auf. So eine Krise hat die Kraft, Dinge in die Wirklichkeit zu drehen. Die guten Paare wachsen weiter zusammen, werden unter Druck noch besser – und für halbherzige

Arrangements oder gar niederträchtige Konstruktionen wird die zusätzliche Belastung zu viel. Die Fragilität an der Basis bringt Kartenhäuser zum Einsturz. Kein besserer Moment also als jetzt, um das eigene Beziehungsfundament kritisch zu prüfen, um aus der Liebesbeziehung neue Kraft schöpfen zu können.

Schaffe dir selbst die Bedingungen für eine erfüllte Beziehung

Alles scheint immer komplizierter zu werden und dabei waren die Chancen, aus deiner Liebesbeziehung deine »Glücksmedizin« zu machen, noch nie so gut.

Liebesbeziehungen! Schon allein das Wort spannt in unserem Inneren einen assoziativen Kosmos auf, der von größtem Lebens-glück und Wonne bis hin zu tiefstem Vertrauensverlust und Ver-zweiflung reicht. Nichts wünschen sich Menschen neben ihrer Gesundheit und wirtschaftlicher Sicherheit mehr als eine Liebes-beziehung und setzen ihrem Bekenntnis gern noch klarstellend »eine gelingende« voran. Gescheiterte Liebesbeziehungen anderer-seits hinterlassen oftmals tiefe, ja lebenslange Narben, die mit-unter eine so nachhaltige und schmerzhafte Verletzung bedeuten können, dass ein neuerlicher Versuch, ein Sicheinlassen auf das Wagnis einer neuen Liebesbeziehung, sogar lieber gleich wie Pest oder Cholera und neuerdings auch Corona gemieden wird. Liebesbeziehungen haben es also in sich. Und gerade in »großen«, in sogenannten wirklichen Lieben scheinen Himmel und Hölle gleichzeitig zu stecken. In ihnen spüren wir das Salz auf unserer Haut und unsere eigene Lebendigkeit – und dennoch gleichen sie oftmals einem magischen Vexierbild, in dem allein die Perspektive des Blicks über Abscheu und Anziehung entscheidet.

Wir bewegen uns also in herausforderndem Gelände, das einige Überraschungen bereithält und Trittfestigkeit verlangt, soll es uns gelingen, unsere Liebesbeziehung zu unserer »Glücksmedizin« zu machen. Bei aller Freiheit und all den facettenreichen Möglichkeiten, die wir heute im Bereich der Liebesbeziehungen haben, stellen wir Psychotherapeuten fest, dass unsere Praxen vollgestopft mit Menschen sind, die heftig an ihren Beziehungsproblemen leiden. Und auch der Ratgebermarkt versucht sich lautstark und umfangreich gerade bei diesem Thema verdient zu machen, sei es mit fünf, sieben oder neun »goldenen Regeln« für eine erfolgreiche Beziehung, die selbstverständlich alle plausibel und gut durchdacht anmuten, am Ende aber dann doch nichts nützen. Die Schlussfolgerung ist klar, wenngleich unbequem: Wir sind gefordert, selbst die Zügel in die Hand zu nehmen. Dazu möchte ich dich jetzt einladen. Denn wenn deine Liebesbeziehung deine »Glücksmedizin« sein soll, wirst du Voraussetzungen erbringen und sie dir selbst destillieren oder aber auch schmieden müssen. Gehen wir es also mutig an!

1. Bedingung: »Liebesfähig sein«

Bist du stark genug für die Liebe? Bist du also liebesfähig? Beim Eintritt in unser Leben sind wir es ganz bestimmt! So viel sei zur Beruhigung gleich vorweggenommen. Denn unsere Spezies ist radikal sozial. Wir kommen mit einem unvermeidlichen, rasenden Bindungsbedürfnis zur Welt.

Kaum ist das Fruchtwasser hinter den Ohren getrocknet, bringt sich der junge Säugling bereits in den Dialog mit den engsten Betreuungspersonen seiner Umwelt ein. Ko-regulierte, reziproke, affektive Kommunikationseinheiten sind das, was dabei zwischen

Kind und Betreuungsperson abläuft. Hinter diesem Wortungetüm verbirgt sich all das, was im liebevoll versorgenden und fürsorglichen Umgang abläuft und mit allen Sinnen erfahren wird. Der junge Säugling ist dabei durch seine Mimik, seine Blicke und die komplexen Äußerungen seiner Bedürfnisse und Stimmungen selbst ein weit aktiverer Partner, als dies frühere Forschungen annahmen.

Dieser Weg der Interaktion mit den ersten Liebesobjekten setzt sich in unserer weiteren frühen Kindheit fort. Es ist ein offenes Geheimnis, dass viele von uns auf dieser ersten Lebensstrecke mit Problemen kämpfen und oft tiefe Frustrationen oder gar Traumen erleben müssen, Situationen also, die zu tiefer Verunsicherung führen, ob wir selbst es wohl »wert« sind, geliebt zu werden, und ob es sich überhaupt lohnt, das Wagnis einzugehen, sich einem anderen Menschen in Intimität zu öffnen.

Mit diesen Pflastersteinen im Lebenstornister marschiert es sich dann schon etwas schwerer in Richtung Liebesglück weiter und viele, denen es nicht gelingt, die erste Infragestellung ihres Vertrauens in die Liebe als verbindende, sinnstiftende Kraft und Quelle eigenen Glücks erfolgreich zu meistern, erleiden in den frühen Liebesbeziehungen des Jugend- und Erwachsenenalters weitere tiefe, schlecht heilende Wunden. Setzt sich dies fort, so entwickelt sich immer mehr ein inneres Rückzugsverhalten von der »Liebe«. Es ist dabei egal, ob die innere Begründung mehr der Annahme entspringt, »dass man eben nicht liebenswert genug wäre« oder aber »dass die anderen nicht passen würden«.

Darum lautet meine erste Fragestellung an dich, wenn es gelingen soll, dass deine Liebesbeziehung auch deine »Glücksmedizin« ist: Wie steht es um deine Liebesfähigkeit? Vermagst du dich voll und rückhaltlos für ein Gegenüber zu interessieren?

Ein paar Hinweise, als Ja/Nein-Aussagen formuliert, können dir bei der Beantwortung helfen. Sei mutig und ehrlich mit dir selbst!

* In einer Konversation mit einem potenziellen Partner / einer potenziellen Partnerin wird mir leicht langweilig, wenn es nicht um Dinge geht, die mich auch interessieren.
* Ich habe klare Standards, wie ich mir einen potenziellen Partner / eine potenzielle Partnerin vorstelle.
* Mir ist lieber, wenn mich ein potenzieller Partner / eine potenzielle Partnerin mehr will als ich ihn/sie.
* Ich lasse mich meist erst ein, wenn er/sie angebissen hat.
* Ich suche nach Beweisen, dass ich für einen potenziellen Partner / eine potenzielle Partnerin wichtig bin.
* Mein Partner / meine Partnerin sollte mich glücklich machen können.
* Ich kann mich vollen Herzens für meinen Partner / meine Partnerin freuen, wenn sie an etwas Begeisterung findet, auch wenn es mich nicht interessiert.
* Ich denke oft spontan an meinen Partner / meine Partnerin und hoffe, dass es ihm/ihr gerade gut geht.
* Ich plane oft eine kleine Überraschung für meinen Partner / meine Partnerin.
* Ich unterstütze ein Hobby / eine Leidenschaft meines Partners / meiner Partnerin, auch wenn es auf Kosten unserer gemeinsamen Zeit geht.
* Auch wenn ich in einer Diskussion mit meinem Partner / meiner Partnerin überzeugt bin, recht zu haben, kann ich darauf verzichten, mich durchzusetzen.
* Ich überlege häufig, wie ich meinem Partner / meiner Partnerin eine Freude bereiten kann.

Wenn du die ersten sechs Aussagen eher verneint und die letzten sechs eher mit Ja bestätigt hast, dann bist du in deiner Liebesfähigkeit sehr sattelfest aufgestellt. Andernfalls könnte es sein, dass du etwas Arbeit, vielleicht auch therapeutisch angeleitet, vor dir hast. Oft hilft aber auch bereits die bewusste Auseinandersetzung mit den einzelnen Fragestellungen im Spiegel dessen, dass es sich hier ja doch um deine Liebesbeziehung und nicht um irgendeine anonyme Geschäftsbeziehung handelt. Es geht um jenen intimen Ort, an dem du Geborgenheit und Angenommensein erleben willst.

Wirkt es aus dieser Perspektive nicht bereits mehr als seltsam, wenn du zum Beispiel nie daran denkst, wie du deinem Partner oder deiner Partnerin eine Freude bereiten könntest? Vielleicht wird dir damit bewusst, dass hier eine deiner alten eigenen Wunden schwelt, du möglicherweise diese notwendige Sorgfalt in deinen frühen Beziehungen zu wenig erlebt hast und deswegen bisher nicht gelernt hast, sie selbst zu geben. Oder aber du bist als Prinz oder Prinzessin damit überschüttet worden und hast bisher nicht lernen können, wie ein ausgewogenes Miteinander aussieht. Jedenfalls ist die bewusste Auseinandersetzung eine ausgezeichnete Möglichkeit, eine Veränderung in Gang zu setzen.

ARBEITSAUFTRAG AN MICH: DIE LIEBESFÄHIGKEIT STÄRKEN

Ich vermag mich für einen anderen Menschen rückhaltlos zu interessieren, mit Begeisterung auf ihn zuzugehen und seine Bedürfnisse ernst zu nehmen. Ich vermag auch meine Bedürfnisse zu erfassen, sie ernst zu nehmen und auf meine eigenen Grenzen zu achten.

2. Bedingung: Für sich selbst ein ganzer Mensch sein

Das Yin-Yang-Zeichen ist heute jedem bekannt. Es steht, wie es heißt, für Mann und Frau, Himmel und Erde, Tag und Nacht, Flut und Ebbe, also immer für zwei als entgegengesetzt erlebte, einander bedingende und ergänzende Kräfte, die als individuelles Gleichgewicht der Kräfte miteinander im Einklang stehen.

Mich fasziniert dieses Zeichen aus anderer Perspektive mit einer wesentlichen Botschaft, die ich darin sehe und für die höchste Form der Beziehung von Partnern miteinander halte: ungetrennt und unvermischt und gleichzeitig erst gemeinsam ein größeres Ganzes bildend, das keinem der Teile allein erreichbar ist.

Jeder Teil ist gleichwertig zum anderen und für sich genommen von klarer eigener Form und Farbe. Die Teile liegen eng aneinandergeschmiegt, sodass sich durch die perfekte Passung ein neues ungeteiltes Ganzes ergibt, und gleichzeitig sorgt die harmonische und gleichwertig verlaufende feine Spirallinie einer Abgrenzung dafür, dass jeder Teil seine eigene gleichwürdige Charakteristik behält und kein vermischter Brei entsteht.

So gesehen ist im Yin-Yang-Symbol eine herrliche Entsprechung einer gleichwürdigen Liebesbeziehung und damit »Glücksmedizin« zu sehen. Jeder der Partner ist gleichwertig zum anderen. Im engen Aneinanderschmiegen einer von Wertschätzung, Respekt und gestaltender Neugier getragenen, gelingenden Beziehung lebt das Paar ein neues Ganzes, das keinem der Partner ohne den anderen möglich wäre. Gleichzeitig jedoch und Voraussetzung, um Eleganz und Klarheit der beiden Teile zu erhalten, kommt es nicht zu einer Auflösung der Grenzen und damit zur Vermischung, die dazu führen würde, das eigene Selbst aufzugeben und zu verlieren. Was heißt das nun praktisch für unser Projekt, die eigene Liebesbeziehung zur »Glücksmedizin« machen zu wollen? Wer stabiles

Liebesglück erleben will, muss zuerst ein eigener »ganzer Mensch« für sich selbst allein sein können. Er muss gewähren und gleichzeitig für sich selbst eintreten können. Er muss vermögen, Verzicht zu üben und gleichzeitig zu fordern oder Grenzen dort zu setzen, wo er sonst selbst droht überfordert zu werden.

Der autonome »ganze Mensch« vermag sein Gegenüber hingebungsvoll zu lieben und dessen Bestes vor Auge zu haben und gleichzeitig auf sich selbst dergestalt aufzupassen, dass er nicht in ein aushöhlendes Defizit gerät.

Für manche von uns, die in ihren Primärbeziehungen genügend angenommen worden sind, Wärme und Rückbestätigung erlebt haben, ist es vergleichsweise einfach, diesen Kurs zu halten. Sie leben als aufopfernde Partner und großartige Unterstützer ihre Beziehungen, benötigen keine Liebesbeweise, weil sie in ihren Partnerschaften einfach zu Hause sind, und sie vermögen gleichzeitig und ohne Narzissmus, auf ihre Bedürfnisse und Grenzen so weit zu achten, dass sie sich bei einer ungünstigen Veränderung der Lebenssituation mit der entsprechenden Trauer sogar einsichtsvoll von der Beziehung verabschieden können. Sie haben gelernt, in ihrem Leben eine »good enough mother« für sich selbst zu sein, und kleben nicht wie verärgerte Schuldeneintreiber an ihrem Partner oder ihrer Partnerin.
Viele von uns weisen hier jedoch Defizite auf, sehen nicht in erster Linie ihr eigenes »Lieben des Partners oder der Partnerin« und das

gemeinsam Gestaltete als Zielsetzung ihrer Beziehung an, sondern suchen, oft sogar rastlos und beständig, nach Beweisen des Geliebtwerdens. Ein grundsätzlicher Mangel an Vertrauen prägt ihren Umgang und die damit einhergehenden Verlust- und Ohnmachtsgefühle werden häufig durch zähe Machtkämpfe abgewehrt. Für die meisten von uns bedeutet dies, dass wir erneut Wachstumsarbeit leisten müssen, um auch jene zweite Grundbedingung erfüllen zu können, die aus unserer Liebesbeziehung unsere »Glücksmedizin« werden lassen kann. Behelfen wir uns auch hier mit ein paar hinweisgebenden Aussagen. Überprüfe, welcher du zustimmen kannst!

* Eifersucht ist mir fremd; ein Partner / eine Partnerin muss sich aus sich selbst heraus zugehörig zu mir fühlen.
* Verlustängste meinen Partner / meine Partnerin betreffend kenne ich nicht.
* Ich kann mit meinem Partner / meiner Partnerin über alles reden, ohne Angst zu haben, mein Gesicht zu verlieren.
* Wenn sich mein Partner / meine Partnerin von mir abwenden sollte, weil er/sie dem Leben eine neue Richtung geben will, werde ich dies betrauern, aber damit fertigwerden.
* In meiner Beziehung gibt es kein Machtgefälle. Wir sind beide im Lieben gleichmächtig!

Gehörst du zu jenen wenigen Menschen, die aus tiefstem Herzen und in vollkommener Ehrlichkeit mit sich selbst all diesen Aussagen zustimmen können? Die letzte Frage ist dabei der neuralgische Punkt, denn viele von uns setzen als Zuflucht in der Abwehr ihrer Ängste auf ein Machtgefälle zu ihren Gunsten in der Beziehung. Kannst du alle Aussagen bis auf die letzte bejahen und steht hinter dem Eingeständnis deines Nein die Tatsache, dass du der oder die »Stärkere« in der Beziehung bist? Dann bist du nicht wirklich autonom, sondern einfach ein guter Stratege, denn wenn der Partner oder die Partnerin als abhängig und unterworfen erlebt wird, ist es leicht, all den Ängsten, die hinter den anderen Aussagen lauern können, zu trotzen. Und wenn du nicht nur der letzten, sondern weiteren Aussagen nicht zustimmen kannst, so bist du zumeist der »unterlegene« Partner in der Beziehung. Für die meisten von uns sieht die Bilanz so aus, dass Arbeit an unserem Selbst für eine Stärkung unserer Autonomie auf uns wartet.

ARBEITSAUFTRAG AN MICH: MEINE AUTONOMIE STÄRKEN

Nur ich selbst und nicht mein Partner kann für mein Lebensglück verantwortlich sein. Ich beteilige mich nicht an Machtkämpfen in meiner Beziehung.

3. Bedingung: Sich seinen Geistern stellen und sie auflösen

Damit sind wir bei der dritten Bedingung angelangt, mit der wir uns auseinandersetzen müssen, wenn wir unsere Liebesbeziehung zu unserer »Glücksmedizin« machen wollen. Als Psychotherapeutin habe ich über die Jahrzehnte zahlreiche Paare in ihren Krisen begleitet. Einige haben ihren Weg in meine Praxis erst dann gefunden, als ihre Beziehung bereits tödlich verwundet darniederlag. Das sind besonders traurige Momente in einer Therapeutenkarriere und man fragt sich dann natürlich, warum diese Personen überhaupt noch zu einem Psychotherapeuten kommen, wenn sie ihre Beziehung doch bereits aufgegeben haben. Man stellt dabei regelmäßig fest, dass es diesen Menschen um die Verwaltung der Schuld geht. In dieser letzten Phase des Todeskampfs der Beziehung soll der Therapeut zum Zeugen gemacht und dafür instrumentalisiert werden, die jeweils eigene Schuldlosigkeit am Scheitern aushandeln zu können. Das ist natürlich völliger Nonsens. Wenn man eine Partnerschaft in der Überzeugung beendet, dass der andere ein »Schwein« wäre und man selbst ein schuldloses Opfer ist, dann befindet man sich zielgerichtet auf jener Straße, die Beziehungen zu einem gefährlichen Gift der eigenen Lebensaushöhlung transformiert.

Beziehungen spielen sich im atmosphärischen Raum zwischen Menschen ab; sie erhalten ihre Form und schreiben ihre Geschichte immer durch gemeinsames Zusammenwirken, die jeweiligen Interaktionen der Beziehungspartner.

Auch wenn sich mein Beziehungspartner oder meine Beziehungspartnerin eindeutig sowohl nach gesellschaftlichem wie auch moralisch-ethischem Empfinden schlichtweg unfassbar oder sogar verwerflich benommen haben mag, so muss ich mir als betroffener Partner dennoch die Frage stellen, was mein Teil an dieser schrecklich leidvollen Beziehungsverschraubung war. Durch welche meiner Grundüberzeugungen und Annahmen bedingt habe ich etwa nicht vermocht, meinem Partner oder meiner Partnerin Grenzen zu setzen, und durch welches Verhalten habe ich möglicherweise indirekt meine Zustimmung zur Handlungsweise des anderen gesetzt? Sich hier Absolution und Opferstatus durch ein vordergründiges Schuldmanagement, das den Partner oder die Partnerin zum/zur Bösen stilisiert, zu holen wirkt ganz sicher nur vordergründig erleichternd, erhöht jedoch vielmehr die Wahrscheinlichkeit, dass es mir in einer künftigen Beziehung wiederum sehr ähnlich ergehen könnte.

Dabei ist es paradoxerweise gerade um diese Beziehungen, die einen so heftigen und zähen Todeskampf aufweisen, besonders schade. In ihrer therapeutischen Aufarbeitung lässt sich regelmäßig erheben, dass gerade diese Beziehungen ursprünglich häufig mit besonders starken Liebes- und Heimatgefühlen, dem Eindruck, jetzt endlich dem oder der Richtigen begegnet zu sein, einhergegangen sind. Das wirkt auf den ersten Blick widersprüchlich, ist aber einfach erklärt.

Neben all der evolutionär getriebenen und durch Neurotransmitter vermittelten Anziehung zwischen Partnern verlieben wir uns besonders intensiv in jenes Gegenüber, das eine tiefe, vertraute Glocke einer psychodynamischen Strukturergänzung für uns bereithält. Mit diesem Menschen fühlen wir uns sozusagen zu Hause. Unbewusst erkennen wir in ihm den idealen Partner, um die wichtigen Themen unserer Kindheit wiederaufleben zu lassen und sie zu einem positiven Abschluss zu bringen. So steht es zumindest auf unserem unbewussten Wunschzettel!

Wir können in diesem Unterfangen scheitern und bleiben dann am Beziehungsende mit einer weiteren Wunde und – wenn wir gute therapeutische Begleitung finden – zumindest auch einer neuen Erkenntnis zurück. Oder aber wir finden in unserer Beziehung tatsächlich eine Chance, unsere alten Wunden zu schließen und aus den Kinderschuhen unserer Vergangenheit hinauszuwachsen. Wenn das gelingt, dann vermögen wir in Analogie zur erlebten Geborgenheit in unserer Beziehung festzustellen, dass diese Welt zwar nicht immer ein Rosengarten, aber durchaus ein feiner Ort ist, einfach weil wir das Zeug haben, unseren Lebensstrom erfüllend zu gestalten. Unsere Liebesbeziehung ist damit heilend für uns geworden, ermöglicht uns anhaltende ruhige Zufriedenheit und ist wirklich unsere »Glücksmedizin«.

Ob dies gelingt, hängt ganz von uns selbst ab, davon, ob wir bereit sind, unserem Partner oder unserer Partnerin offen zu begegnen, oder ob wir in Wirklichkeit nur die Bereitschaft dazu haben, ein altes Stück auf einer neuen Bühne zu inszenieren.

Schauen wir uns den Unterschied anhand eines praktischen Beispiels an. Nehmen wir einmal an, dass ich ein Thema mit »Aufmerksamkeit bekommen« habe. In meiner Kindheit war es vielleicht tatsächlich so, dass ich in meiner Familie, durch welche Umstände auch immer bedingt, wenig Aufmerksamkeit erhalten habe. Nehmen wir auch noch an, dass sich diese Erfahrung während meines Aufwachsens auch in meinen sonstigen Erfahrungen zusätzlich bestätigt hat und jetzt ein neuralgischer Punkt, eben eine alte Wunde, ist. Nehmen wir als logisch daraus folgend weiter an, dass ich in diesem Thema »Bekomme ich genügend Aufmerksamkeit?« sehr wachsam und sensibel geworden bin. In meiner aktuellen Beziehung beschleicht mich nun trotz der gemeinsamen Lebensplanung ein Gefühl, dass ich zu wenig Aufmerksamkeit von meinem Partner bekomme. Ich verspüre ein Mangelgefühl. Dies ist ein entscheidender Moment, denn nun stehe ich an einer Weggabelung, an der eine bewusste Entscheidung von mir gefordert ist!

Will ich den Weg der Wiederholung meiner Kindheitsmuster gehen und damit aus meiner Beziehung ein mir das Leben vergällendes Gift machen oder wähle ich die andere Richtung einer Ausheilung meines alten Schmerzes und lasse meine Liebesbeziehung ihre heilende Kraft entwickeln und zur »Glücksmedizin« werden? Im ersten Fall beginne ich innerlich die Liste der Versäumnisse meines Partners anzufertigen und meine Enttäuschung über ihn zu schüren. Freundinnen fallen mir ein, die mir davon erzählt haben, dass sie ihr Partner mit Blumen oder einer Einladung zu einem Essen überrascht, oder ich erinnere mich an solche Szenen aus Filmen. Bitterkeit schießt angesichts des Kontrasts in mir hoch. Meinem Partner bin ich wohl so viel Mühe und Beschäftigung mit mir gar nicht wert… Sogenannte klärende Gespräche, die auf Basis dieser Haltung erfolgen, beginnen dann meistens mit einer Anklage: »Du kümmerst dich überhaupt nicht mehr um die Beziehung, du willst nichts mit mir unternehmen…« und so weiter. Verteidigung, Gegenangriff, Beweisführung sind die nachfolgenden Schritte, die zu einem zermürbenden, unergiebigen Stellungskrieg führen, bis der letzte Glaube an die Liebe aufgezehrt und eine Beziehungsauflösung unvermeidlich wird oder ein stabiles Gleichgewicht des Schreckens etabliert ist.

Der zweite Weg, an dem wir hier interessiert sind, weil er aus unserer Liebesbeziehung unsere »Glücksmedizin« machen kann, erfordert eine winzige Veränderung von uns. Das in der Beziehung erlebte Mangelgefühl wird nicht Dreh- und Angelpunkt der Argumentation der Versäumnisse unseres Partners, sondern Basis dafür festzustellen, was uns eigentlich fehlt und was wir uns wünschen. Statt negativ zu formulieren, erarbeiten wir lieber ein klares, positives Zielgefühl und konfrontieren unseren Partner nicht mit seinen vermeintlichen Versäumnissen und Fehlern, sondern mit unseren Wünschen und warum wir deren Erfüllung für die Beziehung für wichtig erachten.

Wir sagen dann nicht »Du kümmerst dich überhaupt nicht mehr um die Beziehung«, sondern »Schatz, mir fehlt der Austausch mit dir. Ich würde gern wieder mehr mit dir gemeinsam unternehmen. Wie siehst du das?«

Wenn wir unseren Partner in dieser Weise ansprechen, indem wir bei uns bleiben und für unsere Gefühle und Bedürfnisse Verantwortung übernehmen, geben wir der Situation erst den Freiheitsgrad für eine fruchtbare Lösung. Unsere Beziehung kann weiter positiv wachsen und unser altes Schmerzensthema, nach dem wir immer zu wenig Aufmerksamkeit von anderen erhalten, erfährt einen wesentlichen Heilungsimpuls.

ARBEITSAUFTRAG AN MICH: MEIN ERWACHSENES ICH STÄRKEN

Ich werde in meiner Beziehung die Initiative ergreifen, statt in alten Opferspiralen zu versinken. Ich werde meine Wünsche und Bedürfnisse formulieren, statt anzuklagen.

Von der Beziehungshölle zur Glücksmedizin – ein Fallbeispiel

Mark war nicht nur ein äußerst attraktiver Mann, sondern schien auch ein reizender, liebenswerter Mensch zu sein. Zumindest war dies mein Eindruck, als ich bei der Begrüßung in das gut geschnittene Gesicht dieses wahrlichen Strahlemanns blickte. Er war groß und ein markantes Kinn und der elastische Gang, mit dem er vor mir in mein Praxiszimmer schritt, unterstrichen, dass sich hier wohl ein »Gewinner« in meine Ordination verirrt haben musste. Wir setzten uns und hätte ich ihn bei anderer Gelegenheit getroffen, wäre ich mir sicher gewesen, dass er mit dem auffordernden Blick, den er mir dabei schenkte, gerade im Begriff war, mit mir zu flirten. Aber es lag auch etwas Lauerndes in seinen Augen, eine Kälte, die an Abwertung Gefallen finden konnte.

Der Panzer seines Selbstbewusstseins erwies sich dann als äußerst dünn. Hinter der oberflächlichen Fassade von gesellschaftlichem Status und beruflicher Position saß ein tief verletztes, gekränktes Kind, das in der Lebensbiografie seiner Liebesbeziehungen rastlos zwischen der Reinszenierung von totaler Abhängigkeit und brutaler Entwertung eines Gegenübers gependelt war. Nachdem ich mich für seine Kapriolen als Weltmann genauso unempfindlich gezeigt hatte wie für seine Geschichte als ein Opfer der ihm begegneten Frauen, gestand er endlich, dass er völlig am Ende sei. Seine Liebesbeziehungen hatten sich immer als Beziehungshölle erwiesen, sei es, dass er versucht hatte, sich wirklich mit emotionaler Offenheit an die jeweilige Frau zu binden, sei es, dass er Frauen ausgebeutet, gedemütigt und sexuell konsumiert hatte. Dabei mutete seine Kindheitsgeschichte nicht wirklich dramatisch an. Im Gegenteil, er schien Aufmerksamkeit und Fürsorge in sogar besonderem Maße bekommen zu haben. Er war der »Prinz« seiner häufig leidenden Mutter gewesen. Schon früh hatte er gespürt, dass die Innigkeit zwischen ihnen für die Mutter das Lebenselixier in ihrem für ihn nicht entzifferbaren Trübsal war. Nur wenn der häufig abwesende Vater sich seiner Ehefrau doch zuwandte, wurde Mark plötzlich degradiert und wieder als Kind und Sohn behandelt. Der Vater, ein viel beschäftigter und letztendlich wenig erfolgreicher Geschäftsmann, hatte über Jahrzehnte neben seiner Familie eine intensive Parallelbeziehung zu seiner Sekretärin unterhalten. Mark selbst hatte davon erst beim vergleichsweise frühen Tod des Vaters erfahren, als deutlich wurde, dass diese Frau über die Jahre weit mehr bedacht worden war als die eigentliche Familie, die verarmte. All die Jahre hatte seine Mutter, als Hausfrau und erwerbslos vom Vater vollkommen abhängig, erfolglos und permanent gedemütigt, vergebens durchgehalten. Der unwissende Sohn, den sie an sich gebunden hatte, war zu ihrem Tröster erzogen und vereinnahmt worden.

Frauen waren also äußerst gefährlich im unbewussten Resümee meines Patienten. Sie waren verschlingend, wie seine Mutter, die sich ihre emotionale Stabilität und einen Sinn durch den Sohn verschafft hatte, und gierig wie die Liebhaberin seines Vaters. Aber sie waren auch unehrlich, wie das Beispiel seiner Mutter bewies, die ihn bis zum Tod seines Vaters, als er selbst schon erwachsen war, in Unwissenheit belassen hatte. Eine gefährliche Mischung, die sich in diesem unzweifelhaften »Frauenflüsterer« mit seinem Charme und seiner G-moll-Stimme und gleichzeitigem »Frauenhasser« zu einer Legierung verschweißt hatte.

Mark hatte eine breite Schneise der Verwüstung durch zahlreiche Frauenleben geschlagen, doch sein eigenes Unglück, nie in einer Beziehung ankommen zu können, hatte nun am Ende der Lebensmitte vernichtende Dimensionen angenommen. Er blickte auf zwei gescheiterte Ehen mit zwei Kindern, die ihn mieden, zurück und vor einigen Monaten war er aus einer weiteren Beziehung geflohen, die ihn zu strangulieren schien. Auf die Beliebigkeit seines »Harems« an verfügbaren Frauen, den er sich über die Jahre zugelegt hatte, zurückzugreifen schien irgendwie als Alternative nicht mehr zu funktionieren. Er kam sich selbst schal und leer vor, fand sich zunehmend von Zukunftsängsten und solchen vor dem bevorstehenden Altern geplagt.

*»Es könnte vorbei sein, bevor es richtig begonnen hat«,
formulierte er in einer Sitzung düster.*

Damit schien mir der Zeitpunkt gekommen, ihn mit seiner Selbstverantwortung und der notwendigen Arbeit an den Bedingungen für eine wirkliche Liebesbeziehung zu konfrontieren. Noch dazu war nämlich am Horizont Manuela aufgetaucht. Sie schien seinem Charme durchaus zugeneigt zu sein und auch bei ihm geriet eine innere Glocke mächtig in verwirrende Schwingung. Und sie erwies sich als nicht korrumpierbar für seine Spiele. Seine verunsichernden Kapriolen von Nähe und Distanz, mit denen er Frauen, sobald sie ihn begehrten, stets erfolgreich zu gängeln vermochte, prallten an ihr einfach ab. Ideale Bedingungen also! Hier könnte ein Gegenüber gefunden worden sein, mit dem eine Liebesbeziehung wirklich zur »Glücksmedizin« werden könnte, wenn Mark nun endlich seine Hausaufgaben erledigen würde.
Zu verstehen, was wirkliche Liebesfähigkeit bedeutet, war dabei der erste Schritt. Sich für jemanden aufrichtig zu interessieren und

offene Neugier für ein Gegenüber aufzubringen – aus Begeisterung für die Person selbst – war ihm seit Kindertagen nicht mehr
geläufig. Und dass sich andererseits seine Liebesfähigkeit für sich
selbst nicht in seinem exklusiven Lebensstil repräsentierte, sondern
darin, die eigenen notwendigen Grenzen des für ihn Möglichen mit
freundlicher Sicherheit zu markieren, war genauso neu für ihn. Erst
damit könnte er manipulierenden Forderungen, denen er in engen
Beziehungen immer wieder erlegen war, wirkungsvoll widerstehen,
ohne sofort auf Flucht und unnahbare Kälte ausweichen zu müssen.
Für die zweite Bedingung, ein autonomer Mensch für sich selbst
zu sein, schien ihm noch weniger die Klarheit gegeben zu sein. Als
autonom war er ja doch bitte wirklich anzusehen. Man brauchte
nur auf seine gesellschaftliche Position und im zwischenmenschlichen Bereich auf die zahlreichen Frauen hinzuweisen, die abruf-
bereit nach ihm schmachteten. Doch mit anfänglichem Widerwillen
gelang es ihm, sich einzugestehen, dass all sein lautstarkes
Gehabe mehr Demonstration als wirkliche Autonomie war. Er
hatte, wie so viele, Autonomie durch Macht zu ersetzen versucht
und seine Intimbeziehungen waren dieser Mechanik entsprechend
regelmäßig zu einem Machtkampf degeneriert.
Sich selbst dagegen bereits als vollständiges Ganzes erleben zu
können und dabei gleichzeitig offen für das Wunderbare eines
Gemeinsamen mit einer Partnerin zu sein, ohne die eigene Identi-
tät einzubüßen, wollte geübt sein. Zeit seines bisherigen Bezie-
hungslebens hatte er sich wie auf einer Wippe nur zwischen den
Extremen von hilfloser Abhängigkeit und eiskalter Distanz zu
bewegen vermocht. Ich empfahl ihm dagegen, die beiden
Zustände eines freudvollen Allein-für-sich-Seins und andererseits
eines gestaltenden Gemeinsamen mit der Partnerin nicht mehr in
Konkurrenz, sondern als nebeneinander bestehend zu genießen

und zu üben. Dass damit ein harmonisches Wechselspiel von Nähe und Distanz in der Beziehung ganz ohne Grabenkämpfe möglich wurde, hatte er sich nicht einmal erträumt.

Als er mich dann in einer unserer letzten Sitzungen fragte, was denn die dritte Bedingung sei, da ich ja von dreien gesprochen hatte, meinte ich: »Sich seinen Geistern stellen und diese auflösen. Doch das haben Sie jetzt in Ihrer neuen Beziehung bereits gemacht!« Die sonst notwendige Flucht vor der Partnerin als Lösung und Rettung entfiel diesmal für Mark. Stattdessen stellte sich schrittweise ein Gefühl von Angekommensein, ja Geborgenheit ein. Er hatte sich seine »Glücksmedizin« erarbeitet!

Wenn du ebenso an deiner Liebesfähigkeit arbeitest und daran, als autonomer ganzer Mensch durch die Welt zu gehen, wirst du zunehmend merken, wie du aus deiner Liebesbeziehung deine »Glücksmedizin« machst. Also, an die Arbeit!

Prof. Dr. Martina Leibovici-Mühlberger ist Mutter von vier Kindern und praktische Ärztin, Gynäkologin, Ärztin für Psychosomatik. Sie trägt als Psychotherapeutin das European Certificate of Psychotherapy. Sie leitet die ARGE Erziehungsberatung und Fortbildung GmbH, ein Ausbildungs-, Beratungs- und Forschungsinstitut mit sozialpsychologischem Fokus auf Jugend und Familie. Sie ist Buchautorin sowie Verfasserin zahlreicher wissenschaftlicher Fachartikel. www.fitforkids.at

WENN ICH GLÜCKLICH BIN, DANN WERD ICH STILL

Liebe*r Leser*in! Ich schreib dir heute diesen Text und meine Glücksformel ist:

$$\pi = \sum_{n=0}^{\infty} (-1)^n \frac{4}{2n+1}$$

Scherz.

Die Wahrheit ist: Ich schreib dir heute diesen Text, ohne genau zu wissen, wer du bist, wo du das hier liest, an welchem Punkt in deinem Leben du dich gerade befindest und vor allem, warum wir uns hier begegnen. (Hast du dieses Buch vielleicht von einem guten Freund ausgeliehen bekommen, weil er meinte, es könnte dir gefallen? Oder stehst du gerade blätternd in einem Buchladen und überlegst, es deiner Mutter zum Geburtstag zu schenken? Falls ja: Sag ihr bitte herzlichen Glückwunsch von mir!) Und weil wir gleich über ein ziemlich persönliches und philosophisches Thema sprechen werden, schlag ich vor, dass wir uns vorher kennenlernen.

Okay? Okay!

Ich bin Julia, sitze gerade in Berlin an meinem Schreibtisch und befinde mich an dem Punkt in meinem Leben, an dem ich begreife, dass ich nicht mehr erwachsen *werde*, weil ich es schon längst *bin*. Ich denke viel darüber nach, wer und was ich von hier aus als Nächstes *werden* kann. Ich schreibe gern Gedichte, genauer genommen schreibe ich gern an meinem Weltbild. Ich trinke fast jeden Morgen vietnamesischen Kaffee und stelle mir sehr oft und sehr viele Fragen. Fragen wie: »Wohin gehen meine Gedanken, wenn sie fertig gedacht sind?«, »Wann fange ich an, mich so frei zu benehmen, wie ich bin?«, »Warum machen Trauerweiden mich glücklich?« und …

*»Was bedeutet das denn überhaupt,
glücklich zu sein?«*

Diese Frage wollen wir uns heute gemeinsam stellen. Dafür brauche ich deine Hilfe, okay? Okay! Ich finde die Frage nämlich ziemlich tricky und es würde mir helfen, wenn wir beide so tun könnten, als würden wir uns schon ne Weile kennen, du und ich. So gut, dass du wüsstest, dass ich für die längste Zeit dachte: »No risk, no fun.« Heißt: »*Weder* Risiko *noch* Spaß.« Es würde mir auch helfen, wenn wir so tun könnten, als ob wir beide am Strand sitzen, weil das Meer mich immer philosophisch macht. Wir säßen da, nebeneinander, mit Blick auf die untergehende Sonne. Du würdest mit einer angeknacksten Miesmuschelhälfte den Sand zwischen uns immer wieder hochschaufeln und ich würde mit den Händen so über den Strandhafer streifen, als wäre er ein Hunderücken – es sei denn, du bist ein Katzenmensch. Wir hätten heute schon über alles Mögliche gesprochen, wie zum Beispiel die Tatsache, dass das Schriftzeichen für Krise im Chinesischen gleichzeitig Chance bedeutet, und über den neuen Song von Billie Eilish. Und dann würde ich irgendwann sagen: »Ich frag mich, ob sie glücklich ist, also Billie Eilish …« und dann, einfach so, würdest du mich fragen: »Was bedeutet das denn überhaupt, *glücklich* zu sein? Was bedeutet Glück?«

Und dann würde mir fast rausrutschen, dass das ja ein ziemlich komplexes Thema ist, überbesprochen und unterbedacht, und dass ich mich normalerweise immer davor drücken würde, diese Frage laut zu beantworten, weil mir alles, was ich sagen will, zu banal vorkommt. Ich würde sagen, dass es darauf natürlich keine eindeutige Antwort gibt, nur Schnappschüsse von Antworten. Aber das sage ich nicht. Denn du weißt das schon.

Vielleicht ist Glück, sich diese Frage
gar nicht stellen zu müssen,
aber zu können.

Ich sage stattdessen: »Was für eine schöne Frage. Mein heutiger Schnappschuss von der Antwort sieht so aus: Vielleicht ist Glück, sich diese Frage gar nicht stellen zu müssen, aber zu können. Ich empfinde es als großes Geschenk und Luxus, darüber nachdenken zu können. Ich bin oft rückblickend und *irgendwie* glücklich. Ich bin ziemlich oft glücklich-*ish*. Weil ich diesen unsichtbaren Prozess mag. Und den mag ich, weil ich die lose, aber schöne Collage aus Ideen, die mein aktuelles Weltbild ist und mit der ich den Prozess betrachte, mag. Und weil ich Listen liebe, möchte ich ein paar dieser Ideen mit dir teilen. In diesem Sinne: Herzlich willkommen zu: Sieben Ideen, die mich irgendwie glücklich machen – Nummer fünf wird dich überraschen.

1. Glück ist Zufriedenheit

Diese Idee habe ich von meiner Oma. Ich habe gestern meine Großeltern angerufen, um sie um Rat zu fragen. »Mein Oberbegriff für Glück ist Zufriedenheit, mit allem«, sagt sie entschlossen, ohne lange zu überlegen. Meine Oma ist siebenundachtzig, mein Opa ist eineinhalb Jahre älter. Ich weiß genau, wie es aussieht, wenn sie zusammen am Esstisch sitzen und sich beide ein bisschen zum Telefon lehnen, das auf Lautsprecher gestellt zwischen ihnen liegt. »Julchen schreibt einen Text übers Glück, Liebchen.« Ich weiß auch genau, wie es aussieht, wenn sie sich beim Sprechen zueinanderlehnen. Ich wäre jetzt gern bei ihnen. »Was ist Glück für dich?«, höre ich meine Oma meinen Opa fragen. »Ja, eigentlich auch Zufriedenheit«, stimmt er ihr zu. »Nein, Liebchen, jetzt musst du was anderes sagen.« Er lacht. Und überlegt.

2. Glück ist, etwas Neues zu probieren

»Für mich ist Glück, das, was ich angefangen habe, gut zu vollenden, besonders wenn ich so etwas noch nie gemacht habe«, sagt mein Opa irgendwann. Eine Familie gründen, eine Firma gründen, Blechbearbeitung. »Bei der Blechbearbeitung zum Beispiel, da braucht man viel Geschick. Wenn man Blech biegt und rundet und das klappt, dann kann das auch Glück sein.« »Im Sinne von Glück haben oder Glück empfinden?«, frage ich. »Beides.«

Ich möchte an dieser Stelle hinzufügen, dass ich finde, das Versuchen schon eine Form von Gelingen ist. Der Mut ist wichtiger als das Ergebnis, ebenso wie ein Fischernetz wichtiger ist als ein einzelner Fisch. Ich glaube auch, dass man Dinge eher kann, weil man sie macht, und nicht erst machen sollte, weil man sie kann. Ich hätte eine Menge Dinge sonst niemals gemacht. Gedichte schreiben. Schwierige Gespräche führen. In eine fremde Stadt ziehen. Soßen andicken. Wenn ich mit all dem gewartet hätte, bis ich »so weit« bin, hätte ich nie angefangen und wäre nie »so weit« gewesen (und wie schade wäre das um mein Soßenpotenzial, das ich sonst nie ausgeschöpft hätte, literally).

3. Glück ist eine Entscheidung

»Ich habe nur Glück gehabt in meinem ganzen Leben«, sagt mein Opa schließlich. Die Biografie meines Opas, überhaupt die meiner Großeltern, ist eine rührende Erfolgsgeschichte. Das würde ich auch sagen. Trotz oder gerade wegen vieler Hürden. »Wir haben auch eine ganze Menge dafür tun müssen. Wir haben gearbeitet, sind Risiken eingegangen«, sagt meine Oma. »Ja, man muss da auch eine Menge für tun.« Die Hürden im Leben meiner Großeltern könnte jemand anders an einem anderen Tag aus einem anderen Blickwinkel auch als Unglück beschreiben. »Das ist alles auch eine Frage der Haltung, eine Entscheidung«, sagt mein Opa. Das habe ich auch gelernt. Alles verändert sich, wenn ich es anders betrachte. Das ist meine Verantwortung. Das ist eine Superkraft. Versuchen wird Gelingen. Verletzlichkeit wird Stärke. Heartbreaks werden Herzöffner. »Was ist das Schlimmste, das passieren kann?« wird zu »Was ist das Beste, was passieren kann?«. Jedes Ende wird ein Anfang. Dankbarkeit ist ein Steigbügel zu dieser Haltung. »Wirklich wahr, ich bin rundum glücklich – und mitunter, wenn ich nicht schlafen kann, fallen mir irgendwelche Dinge ein und ich habe nichts, was ich bedauere, wenn ich an die Vergangenheit denke. Damit bin ich rundum glücklich.« Wenn ich alt bin, möchte ich das auch mal sagen können.

4. Glück ist Sushi

Ich habe neben meinen Großeltern noch andere Menschen gefragt, was Glück für sie bedeutet. »Sushi. Strand. Lange frühstücken mit Freunden«, schreibt mir ein Freund über WhatsApp. »Und was denkst du?«, fügt er an. »Ich weiß es gerade nicht«, antworte ich und ob das Glück also seiner Meinung nach zu zwei Dritteln aus Essen besteht. Für jemanden, der es gerade selbst nicht weiß, sei ich ganz schön kritisch, scherzt er.
Yuval Harari sagt in einem Interview, dass Menschen Unglück leichter beschreiben können als Glück, weil es so viel lauter ist. Den Gedanken finde ich unglaublich interessant. Meine Mutter sagt mir: »Glück ist der Motor für all unser Tun.« Sie ist Psychologin, hat über Glück geforscht und gibt mir immer guten Rat. Den besten vielleicht. Ich rufe sie an und sage, dass mir der Kopf schwirrt vor lauter Nachdenken über das Glück. »Julia, alles, was

wir tun, das tun wir, um glücklich zu sein. Jeder von uns. Und das Besondere ist: Wir können es lernen, glücklich zu sein. Wir müssen uns dafür entscheiden, glücklich sein zu wollen. Und vor allem liegt das Glück bereits in jedem von uns. Es ist eine Ressource und der Motor für all unser Tun – bewusst oder unbewusst. Glück ist so kostbar und wunderschön. Es verdoppelt sich, wenn wir es teilen. Und das wünsche ich dir!« Sie hat recht. Von Sushi bis zum Sinn des Lebens hat das Glück wohl viele Gesichter, denke ich. Ein gemeinsamer Nenner bei allen Antworten ist die Bedeutung von Gesundheit, die Akzeptanz, das Leben als einen Prozess anzunehmen, und besonders unsere zwischenmenschlichen Beziehungen.

5. Glück verdoppelt sich, wenn man es teilt

»Wir sind immer nur eine Entscheidung davon entfernt, nicht allein zu sein.« Dieser Satz ist sehr wichtig für mich, seit ich ihn zum ersten Mal gehört habe. Ich habe ihn von Alice, einer guten Freundin von mir. Sie hat ihn mir an einem Tag gesagt, an dem ich mich unglaublich allein gefühlt habe. So allein, dass ich »Lonely« von Justin Bieber in Dauerschleife gehört habe – sogar beim Joggen. So einsam, dass ich um vier Uhr nachmittags kurz dachte, ich könnte mich jetzt ins Bett legen, vielleicht so für ein halbes Jahr. »Wie meinst du das?«, frag ich meine Freundin. »Na ja … Ich weiß, du fühlst dich allein, aber *bist* du wirklich allein? Du wohnst in einem Wohnhaus voller Wohnungen voller Menschen. Draußen auf der Straße laufen ständig Menschen vorbei. Du hast deinen Vater, deine Mutter, deinen Bruder und deine Großeltern, die dich lieben und die du liebst. Du hast Freunde, die du jederzeit anrufen kannst, Bekannte, die du mindestens zu einem Kaffee treffen könntest. Es liegt immer in deiner Hand.« Ich kann gar nicht genug betonen, wie dankbar ich den Menschen in meinem Leben und für jede Begegnung bin. Wir brauchen einander. Als psychologische Spiegel, als Nährböden für unsere Liebe und um uns gegenseitig an Dinge zu erinnern, die wir allein vergessen würden. Unser Unglück wird weniger, unser Glück wird mehr. Deshalb ist es mir wichtig, gute Energie in gute Beziehungen zu geben.

6. Glück ist Liebe

Meine Großeltern und ich haben übrigens noch weitertelefoniert, bestimmt noch eine halbe Stunde. Sie haben regelrecht gebrainstormt. »Einen Menschen kennen und lieben lernen ist Glück«, sagt mein Opa irgendwann. »Die richtigen Menschen zu treffen, die einen auf eine Idee bringen oder etwas in einem auslösen.« »Was habe ich denn in dir ausgelöst, Liebchen?«, fragt meine Oma schelmisch. »Na ja … alles.« Sie lachen. »Na ja, du hast mich doch auch vorangebracht«, sagt mein Opa dann ernst. »Ja, das stimmt.« »Ich empfinde das so und ich empfinde dafür eine tiefe Dankbarkeit.« Wir schweigen für einen Moment.

»Und Familie?«, frage ich. »Ja, die Familie ist unser Ein und Alles. Die ist unser größtes Glück. Dass wir schon so lange verheiratet sind, dass unsere Kinder gesund sind und alle was geworden sind.« »Da lassen wir gar nichts drauf kommen.«

»Was macht ihr heute noch?«, frage ich zum Abschluss. »Wir werden gleich spazieren, obwohl es so windig ist.« Meine Großeltern wohnen ziemlich weit im Norden. »Wir kriegen den Wind hier aus erster Hand.« »Darf ich euch in meinem Text zitieren? Das würde mich glücklich machen, denn ich habe von euch so viel gelernt.« »Ach, Julchen, du machst uns auch so glücklich.« Wir lachen, sagen uns, dass wir uns liebhaben, und legen auf.

STILLES GLÜCK

Ich mach mir immer über alles Sorgen.
Wie über meinen Ruf und meinen Bauch.
Über morgen und über übermorgen.
Über meinen Sinn und deinen auch.
Bekäme ich all die Sorgenstunden wieder
und für jeden Zweifel etwas Geld,
ich wär so jung ich wär ab morgen Schüler
und gewiss der reichste Mensch der Welt.

Mein Körper sitzt am Fenster drin
und mein Kopf ist draußen irgendwo.
Sind ein paar Töne einer Bach-Sonate.
Alles, was man nicht erkennt.
Sind ein paar nette Worte auf der Straße
und Lesen, dass du an mich denkst.
Es ist ein Kribbeln irgendwo am Rücken.
Wenn der Kaffee aus dem Filter tropft.
Ist es das, was alle Glück nennen?
Weil wenn ja, dann habe ich das doch.

Ja, mein Glück kommt immer leise
und es sagt mir davor nicht Bescheid.
Schleicht sich heimlich dann an meine Seite.
Oh, wie sehr ich hoffe, dass es bleibt.
Und vielleicht könntest du mich verstehen,
wenn du besser wüsstest, was ich will.
Ja, ich weiß, du kannst mein Glück nicht sehen,
denn wenn ich glücklich bin, dann werd ich still.
Ja, wenn ich glücklich bin, dann werd ich still.

7. Glück ist still

Das alles ist Glück, denke ich. Dass ich mit meinen Großeltern telefonieren kann, dass sie wohlauf sind, dass es sie gibt. Und dann fällt mir auf, dass Glück etwas ist, was wir alle kennen und suchen – und das ist für mich in dem Moment so ein schöner Gedanke, weil es uns alle verbindet. Überhaupt am Leben zu sein ist Glück. Das alles ist ein Wunder.

Glück ist kein greifbares Gut, maximal manchmal ein Zustand, vor allem ein unsichtbarer Prozess. Es ist flüchtig, es ist still und nie mehr als eine Skizze, so wie ich. Vielleicht eine Skizze, in der sich über die Jahre einige Konturen festigen, aber es bleibt eine Skizze. Wenn ich »Ich bin glücklich« sage, dann meine ich nicht, dass alles perfekt ist, nicht die Abwesenheit von allen anderen Gefühlen und auch nicht In-Zeitlupe-Hand-in-Hand-über-Wiesen-Tanzen (vor allem auch, weil ich in der Großstadt wohne). Wenn ich »Ich bin glücklich« sage, dann meine ich damit, mich irgendwie zufrieden zu fühlen, *obwohl* nicht alles perfekt ist, die Anwesenheit *aller* Gefühle und Still-und-semilächelnd-in-der-U-Bahn-sitzen-und-»Das ist doch alles ganz schön schön«-denken.

Das waren »Sieben Ideen, die mich irgendwie glücklich machen«. Ich tippe, dass dich Nummer fünf doch nicht überrascht hat. Das anfangs zu behaupten ist ein billiger Zaubertrick, den ich von Buzzfeed gelernt habe. Ich hoffe, es hat dir trotzdem gefallen, und ich hoffe, ich konnte deine Frage nach dem Glück ein bisschen beantworten. Danke dir fürs Lesen. Das weiß ich sehr zu schätzen. Danke, dass du dir alles bis hierhin mit mir vorgestellt hast. Auch das weiß ich sehr zu schätzen. War schön, dich kennenzulernen. Und vergiss nicht, deiner Mutter von mir zum Geburtstag zu gratulieren.

Ach so! Stopp! Eins hätte ich beinahe vergessen! Bevor du jetzt die Miesmuschelhälfte zurück ins Meer wirfst und die Sonne ganz untergeht, würde ich noch etwas hinzufügen: »Und Billie Eilish? Ob sie glücklich ist? Ich weiß es nicht. Ich glaube, alles, was ich über sie denke, sagt viel mehr über mich aus als über sie. Ich hoffe natürlich, dass sie es ist. Irgendwie. Ich wünsche es ihr. Ich wünsche es jedem. Vor allem wünsche ich ihr, was sie sich wünscht. So wie dir auch.« Dann würde ich dir einen Strandhaferhalb geben und fragen: »Ja, was genau wünschst du dir denn? Und … was bedeutet es eigentlich für dich, *glücklich* zu sein?«

Julia Engelmann wurde 1992 in Elmshorn geboren, wuchs in Bremen auf und lebt heute in Berlin und Amsterdam. Sie ist Dichterin, Musikerin und Schauspielerin. Ihr Gedicht »Eines Tages, Baby« bezeichnet sie als den »Urknall« ihrer Karriere. Ab 2009 nahm sie fünf Jahre lang erfolgreich an Poetry Slams im deutschsprachigen Raum teil. Ab 2010 spielte sie zwei Jahre die Eishockey-Spielerin Franziska Steinkamp in »Alles, was zählt«.
Sie schrieb fünf Lyrik-Bestseller, bis heute wurden fast eine Million Bücher und Hörbücher verkauft. Sie wurde Kolumnistin beim »Stern« und war zu Gast in diversen Talkshows und Radiosendungen. 2017 erschien mit dem »Poesiealbum« ihr erstes Musikalbum, das direkt auf Platz 9 der deutschen Albumcharts einstieg und ihr eine Echo-Nominierung einbrachte. www.juliaengelmann.de

Eva-Maria und Annalena Zurhorst

DER WAHRE GLÜCKSBRINGER? SELBSTLIEBE!

Eva-Maria: Ich hatte immerhin schon achtundfünfzig Jahre lang Zeit, dem Glück auf den Fersen zu sein und mich zu fragen, wo ich es finde. Bei dieser Suche habe ich wenig ausgelassen und mir viele Abenteuer erlaubt. Ich hab nach Menschen, Orten, Dingen gesucht, die mich glücklich machen. Nach der ganzen Zeit, die ich schon lebe und suche, kann ich sagen, ich bin wunderbaren Menschen begegnet, habe auf unterschiedlichen Kontinenten gelebt, große Erfolge erlebt und ganz unterschiedliche Berufe gehabt. Ich habe große Höhen erlebt und konnte manches Mal mein unfassbares Glück überhaupt nicht fassen – aber in alledem habe ich nie das wirkliche Glück gefunden.

Annalena: Und ich habe ganz oft gedacht, dass das Glück von anderen abhängig ist. Und dass mir andere mein Glück geben oder nehmen können. Und wenn andere es mir genommen hatten, dann hab ich versucht, es durch irgendeine tolle andere Sache wiederzubekommen. Aber das hat auch nicht wirklich funktioniert.

Eva-Maria: Kein Ort, kein Mensch, keine Sache, kein Wohlstand, kein Erfolg konnte mir dabei helfen, etwas jenseits von Glück zu finden, wonach ich mich unterschwellig auf meiner Reise durch mein Leben tief innerlich sehnte. Lange Jahre konnte ich es nicht benennen. Ich war happy, heftig verliebt, oft komplett überwältigt vor Glück, habe mich begeistern und staunen können, manchmal konnte ich mein Glück gar nicht fassen. Aber … Da blieb ein leises »Aber…«. Ich kann mein Glück genießen, aber es ist eine wackelige, äußerst anfällige und von vielen Dingen abhängige Sache.

Bei all den unglaublichen Geschenken,
die mein Leben für mich bereitgehalten hat,
blieb immer etwas tief in mir unberührt.

Im Lauf der Jahre kam ich auf eine ganz neue Spur. Manchmal, meist wenn gar nichts Besonderes passierte, sondern ich eher entspannt und ganz bei mir war, breitete sich eine allumfassende Verbundenheit, so ein In-mir-zu-Hause-Gefühl in mir aus. Das war ganz anders als das Glück aus all meinen Geschenken – viel leiser, sehr friedlich und vor allem eben verbunden. Es war, als ob dieses Gefühl immer schon da war und ich mich nur dafür öffnen müsste.

Es fällt mir immer noch nicht so leicht, es in Worte zu fassen. Und irgendwie ist es auch nach all den Jahren immer noch ein Geheimnis für mich. Manchmal stehe ich einfach im Wald und habe so ein Gefühl, gar nicht getrennt von den Bäumen zu sein. Manchmal sitze ich in meiner kleinen Familie und ich spüre einen gemeinsamen Seelenweg.

Manchmal bin ich ganz allein
und gleichzeitig völlig eins.

Heute kann ich rückblickend sagen: Dieses Einssein ohne besonderen Auslöser bedeutet das größte Glück für mich – diese innere Verbundenheit in mir selbst gefunden zu haben. Ich halte das für das Bedeutendste, was ich mit einem Menschen teilen kann: Tief in uns ist da eine Quelle. Es ist eigentlich alles da. Wir müssen nicht lange suchen. Alles, was es braucht, ist, dass wir still werden und nach innen gehen. Ich liebe die Meditation, praktiziere sie seit Jahrzehnten täglich und lehre sie seit vielen Jahren. Ich liebe es, innen in mir zu sein, und fühle mich immer dann glücklich und verbunden, voll und lebendig.

Oft ist unser Leben so geschäftig, voll mit tausend tollen Sachen. Und manchmal gibt es tausend großartige Möglichkeiten und Dinge. Aber selbst wenn all das scheinbare Glück da ist, kann man sich darin verloren fühlen. Ich spüre, dass wir in einer Zeit leben, in der so vieles zu schnell und zu viel ist. Wenn mein Leben sehr voll ist oder wenn ich ganz viel da draußen, im Außen bin, dann geht mir der Zugang und die Verbindung zu dieser friedlichen Verbundenheit und meinem inneren Zuhause leicht verloren. Wenn ich dann aber still werde und aus all dem herausfinde, wenn es wieder einfach wird, ich im Kontakt mit der Natur bin und wirklich Ruhe habe – dann stellt sich auf einmal, wie aus dem Nichts, das Glück hinter dem Glück ein. Dann trete ich in Kontakt mit mir selbst und komme nach Hause.

Annalena: Sich in einfachen Umständen so unfassbar glücklich zu fühlen, das kenne ich auch. Wenn ich nicht gerade in einem gewissen Gefühl von »Ich fühle mich gut und befinde mich in einem Zustand der Selbstliebe« bin, dann merke ich, wie vergänglich das Glück ist. Ich mag mich dann zwar in irgendwelchen tollen Umständen befinden, beispielsweise von vielen Leuten umgeben, aber eigentlich brauche ich etwas anderes. Ich bekomme Glücksgefühle, wenn ich mit Leuten, die mich interessieren und die mir am Herzen liegen, in einer Runde sitze. Wenn sich diese Runde dann aber wieder auflöst, geht das Gefühl auch doppelt so stark wieder weg. Kaum bin ich wieder für mich, fühle ich mich tendenziell leer, allein und verloren.

Wenn ich Halt in mir selbst finde, weil ich mich gerade gut fühle und weil ich etwas einfach nur für mich mache und für mein eigenes Glücksempfinden, dann ist das meistens etwas viel Einfacheres und etwas viel Kleineres. Und dann wird daraus auch ein anhaltender Glückszustand. Gestern zum Beispiel war ich morgens noch vor der Arbeit spazieren und habe mir dabei etwas angehört, das mich so gefesselt hat und das für mich und meine persönliche Entwicklung wichtig war. Wenn danach dann nichts dazwischenkommt und nicht aus heiterem Himmel etwas Blödes passiert, dann kann ich in so einem Zustand noch eine ganze Zeit nachschwingen. Das fühlt sich richtig gut an.

Eva-Maria: Das kenne ich auch. Ich gehöre ja zu den Menschen, die das unfassbare Glück hatten, dass sie sich wirklich viele, viele Träume erfüllen konnten. Manchmal habe ich mir etwas ganz doll gewünscht und konnte dabei lernen, wie tatsächlich die Dinge, nach denen man sich von ganzem Herzen sehnt, auch wirklich zu einem kommen, auch wirklich ins Leben treten. Dass wir sehr wohl durch unser Denken und Fühlen und durch unsere Entscheidungen und unsere Ausrichtung, durch unsere Träume und unsere Intention unsere Erfahrung im Leben bestimmen. Dass wir durch einen klaren Fokus auf einen Herzenstraum und eine unbeirrbare Ausrichtung voller Vorfreude und Dankbarkeit tatsächlich Dinge erschaffen, Umstände verändern und Beziehungen verwandeln können.

Alles da draußen im Leben ist nur eine Resonanz auf das, woran wir glauben und worauf wir unseren Fokus richten.

Das ist einer der Hauptaspekte in meiner Arbeit und meine ganz große Leidenschaft. Das ist zum Beispiel etwas, das mich unfassbar glücklich macht – dass ich mit Menschen teilen darf, wie es wirklich funktionieren kann, dass man sich seine Träume erfüllt. Ich konnte mir meine eigenen Träume erfüllen und da kamen manchmal Wogen von Dankbarkeit und Glück in mir auf. Und dennoch wusste ich, dass das alles so flüchtig ist.

Annalena: Ja, es kann uns einfach alles wieder genommen werden, was uns von »außen« kommend so glücklich gemacht hat. Glück kann sich sogar in sein Gegenteil verwandeln. Das erlebe ich oft mit Beziehungen. Ich kenne so viele, die waren erst krass glücklich miteinander und dann haben sie sich ziemlich schrecklich und unglücklich getrennt. Glück kann einfach weggehen. Das gilt besonders für Glück, das eben nicht aus einem Gefühl von Selbstliebe, sondern von außen kam. Das kenne ich jedenfalls so.

Ich hatte so eine Phase vor zwei Jahren im Sommer, da ging es mir wahnsinnig gut. Ich habe sehr viel für mich getan und konnte mir Träume erfüllen. Aber dann lief irgendwie alles auf einmal ganz anders. Für einen neuen Job zog ich um – und es gab einen ganz heftigen Rumms, der alles ausgebremst hat. Mit einem Mal war ganz viel von meinem Glück wie weggeblasen. Das war eine heftige Lernphase. Da habe ich auf einmal gemerkt, wie wichtig es ist, dass es aus einem selbst, aus so einer inneren Substanz kommen muss. Dass man etwas in sich haben muss, das einem Halt geben und das man auch selbst in sein Leben bringen kann, das man selbst halten und selbst dafür sorgen kann.

Das ist für mich eine der wichtigsten Fragen:
Wie kommt man in so eine starke Selbstliebe, dass sie
einen glücklich macht, egal wie die Umstände sind?

Eva-Maria: Ich glaube, es ist genau das, was du gerade gesagt hast. Einen inneren Zustand, im Idealfall Gefühle von Dankbarkeit und Frieden auch in herausfordernden Zeiten zu halten, auch wenn die äußeren Umstände gerade nicht so angenehm sind. Ich glaube, das Größte ist, wenn meine Stimmung immer weniger von äußeren Umständen abhängig ist. Denn oft – ehrlich gesagt in den allermeisten Fällen – können wir die Umstände nicht bestimmen. Wenn die Umstände selbst auch noch so schön sind – es ist einfach die Wahrheit, dass die schönsten Umstände irgendwann auch wieder weggehen werden oder dass plötzlich Dinge dazwischenkommen, mit denen man gar nicht gerechnet hat.

Meine Glücklichsein-Übung ist es,
mich nicht mehr gegen das zu stellen, was ist.
Das ist mein großes Lebenstrainingscamp.

Da draußen auf dauerhaftes Glück zu hoffen ist ein verrücktes Unterfangen. Egal, ob ich darauf hoffe, dass mich eine Beziehung, eine Sache oder ein erfüllter Traum glücklich macht. Auf Dauer wird es nichts von alledem tun. Eigentlich funktioniert das nur über Selbstliebe. Selbstliebe heißt dabei aber nicht, dass ich den ganzen Tag hier sitze und sage: »Alles super, alles toll, ich fühle mich so großartig, ich fühle mich so toll.« Sondern es ist die Annahme dessen, was da ist. Es geht darum, dass ich es schaffe, mich und die Umstände anzunehmen, wie sie sind. Dass ich, selbst wenn Sachen blöd laufen, Ruhe bewahren und annehmen lerne. Wenn ich es schaffe, loszulassen und in die Annahme dessen, was ist, zu kommen, dann entsteht wieder Raum, eine ganz andere Art von Freiheit und gleichzeitig von innen heraus wieder Verbundenheit. Und das ist die Selbstliebe, von der ich immer rede. Selbstliebe ist kein ständig euphorisierender Zustand. Dazu hast du, Annalena, mir ja gestern eine Geschichte erzählt: Manchmal guckt man morgens in den Spiegel und denkt: »Super, alles läuft rund hier.« Und dann geht man aus, hat sich schön gemacht und trifft liebe Leute …

Annalena: Und dann, nachdem alles so nett angefangen hat, sagt eine Freundin: »Irgendwie sitzt dein Kleid komisch, da stand dir das andere Kleid letzte Woche besser.« Und dann bist du den ganzen Abend nur noch damit beschäftigt zu prüfen, ob du irgendwie doof in deinem Kleid aussiehst, zu dick oder zu irgendwas. Es kann irgendeine Kleinigkeit sein, die jemand unabsichtlich kritisiert oder anspricht – und die unbewusst genau auf deine Unsicherheit anspielt. Dann ist man plötzlich damit den ganzen Abend beschäftigt.

Eva-Maria: Als ich dieses super, super erfolgreiche Buch »Liebe dich selbst, und es ist egal, wen du heiratest« geschrieben hatte, mein Gott, da gab es … Wie soll ich das sagen? Es war einfach verrückt! Es ist gleich auf der Spiegel-Bestsellerliste gelandet – wow, was für ein Glück. Dann war es da noch eine Woche und noch eine Woche und dann stieg es noch weiter auf der Liste und dann war es da einen Monat und dann ein Jahr und dann noch ein Jahr. Es war wie im Märchen und natürlich ein unfassbares Glück. Aber dann zwischendrin sagte wieder irgendeiner bei Amazon: »Das Buch ist wirklich der letzte Schwachsinn. Mein Gott, hat die Frau sich da ausgelabert« und ich war vollkommen fertig. Es verging keine Woche, wo es nicht irgendwo eine Mail oder ein Statement gab, bei dem jemand mich oder mein Buch kritisierte. Am Anfang war das wie Achterbahnfahren. Einmal gab es wieder einen Schlag in die Magengrube und dann wieder eine neue Stufe auf der Erfolgsleiter. Es war erst mal irgendwie verwirrend, aber damals musste ich lernen, nüchterner mit dem Glück genauso wie mit der Kritik umzugehen. Ich musste begreifen, je höher man sich raufeuphorisiert, desto leichter kann einen die kleinste Kleinigkeit von diesem Glück auch wieder wegrupfen.

Annalena: Das Raufeuphorisieren kenne ich auch ganz stark von Leuten in meinem Alter und aus meinem Bekanntenkreis. Wenn man zum Beispiel auf dem Oktoberfest ist oder über ein Wochenende Freunde besucht oder anderweitig die ganze Zeit in Action ist, dann ist man in so einem euphorisierten Zustand. Aber dann, wenn's vorbei ist, dann gibt's bei uns immer das, was wir als Sonntagsdepression bezeichnen.

Nach einem tollen Wochenende kommt oft
die Sonntagsdepression.

Wenn man viel getrunken hat, kann es dann auch mal die Katerdepression sein. Und die ist noch stärker als die Sonntagsdepression. Auf einmal ist alles so leer und einsam. Und dann kommen ganz schnell Gedanken wie: »Oh Gott, jetzt bin ich allein und sitze hier im Zug und fahre zurück in mein Alltagsleben, muss am Montag in den Job und weiß überhaupt nicht, wohin mit mir …«
Wir rufen uns dann unter Freunden gegenseitig an und sind in Heulstimmung. Dann muss man richtig kämpfen, um aus diesem Sog rauszukommen, der einen runterzieht. Ich hab da mittlerweile richtiggehend ein Selbstliebeprogramm entwickelt. Nachdem ich am Abend vorher die ganz Zeit von außen irgendwie bespaßt

worden und in dieses Gruppen-High gekommen bin, muss ich jetzt schauen, dass ich wieder bei mir selbst ankomme.

In solchen Situationen habe ich mir mittlerweile angewöhnt, dass ich mir den Moment, in dem es abwärtsgeht, gleich schnappe. Ich suche mir eine passende Meditation raus, damit ich die Gefühle sofort für mich annehmen und sinnvoll damit umgehen kann. Ich suche einen Weg, wie ich am besten aus dem Zustand herauskomme. So habe ich das Gefühl, wieder in meine Kraft zu kommen und mich aus mir selbst heraus in eine andere Richtung bewegen zu können, die mir guttut.

Wir können nicht über das, was passiert, entscheiden, aber darüber, wie wir uns fühlen mit dem, was ist.

Eva-Maria: Das, was du eben gesagt hast, ist das ultimative Glück hinter dem Glück für mich. Dass ich aus mir heraus einen emotionalen inneren Zustand drehen kann. Wenn äußere Umstände dafür gesorgt haben, dass ich mich plötzlich schlecht fühle, weil irgendwas nicht gelaufen ist oder weil irgendjemand irgendwas gesagt oder nicht gesagt, gemacht oder nicht gemacht hat, dass ich es dann schaffe, in ein anderes Gefühl zu kommen. Das ist die aller-, aller-, allergrößte Macht überhaupt, die wir Menschen haben: Wir können nicht über das, was passiert, entscheiden, aber darüber, wie wir uns fühlen mit dem, was ist.

Dabei hilft mir nichts so sehr wie die Meditation. Die Meditation ist meine allergrößte Liebe und Leidenschaft überhaupt: mich hinzusetzen, die Stille zu suchen, den Raum in mir zu suchen, nach drinnen zu tauchen in eine endlose Welt voller Verbundenheit und Möglichkeiten.

Während ich das erzähle, kriege ich einfach überall Gänsehaut, denn das ist diese Zwiesprache, das ist die Selbstliebe. Mein Körper antwortet mir darauf sofort mit Gänsehaut. Wenn ich nach innen komme und so still werde, dass ich diese unfassbare riesige Welt in mir wieder spüren kann, sie berühren kann, mich in ihr auftanken kann, mich in ihr ausweiten kann, mich in ihr geborgen fühlen kann, ihr Fragen stellen kann, Antworten spüren kann: Dann auf einmal stellt sich in mir Friede ein und dann fühle ich mich verbunden. Dann fühle ich mich gehalten, dann fühle ich mich geborgen, dann fühle ich mich geliebt. Und dann kann es da draußen auch mal hart hergehen, dann habe ich trotzdem immer noch eine Hand am Glück hinter dem Glück.

Eva-Maria Zurhorst gehört zu Deutschlands erfolgreichsten Beziehungscoaches. Die Bücher der Bestsellerautorin wurden über eine Million Mal verkauft. Seit 2017 betreibt sie das Online- und Live-Trainingsprogramm »Liebe kann alles«. www.zurhorstundzurhorst.com

Annalena Zurhorst hat mit vierzehn angefangen, schwierigen Gefühlen und Ängsten bewusst zu begegnen. Durch Gespräche mit ihrer Mutter und kontinuierliche innere Arbeit hat sie gelernt, ihr eigenes Selbstwertgefühl zu leben.

Nicola Schmidt

FINDE HERAUS, WAS DU WIRKLICH BRAUCHST – MIT NUR EINER FRAGE

I ch bin kein Mensch für Zufälle. Ich habe mein Leben immer geplant und auch als bereits erfolgreiche Buchautorin verfolge ich weiterhin seit Jahren einen Plan. Bisher hatte ich in meinem Leben gute Erfahrungen damit gemacht. Ich lebte gemäß der alten Fliegerregel »Plan the flight and fly the plan«. Oder eben Plan B, wenn nötig. Aber als Plan A und Plan B im Jahr 2020 plötzlich nicht mehr funktionierten, schlitterte ich in die größte Krise, die ich seit Langem hatte. Aber fangen wir von vorn an. Der Plan sah so aus:

Wenn mein ältestes Kind dreizehn Jahre alt ist, will ich mit meiner Familie um die Welt segeln. Ich war Mitte zwanzig, als mich das

Segeln packte, und nach einer Atlantiküberquerung auf einem Fünfzig-Fuß-Boot war mir klar: Das ist es. Das will ich machen. Ich studierte alles, was ich finden konnte, erst Bücher, dann Blogs, dann YouTube-Videos, ich absolvierte Kurse, übte, plante. Ich wollte bis 2021 mein Einkommen und meine Ersparnisse so aufgestellt haben, dass wir mindestens achtzehn Monate oder besser noch drei Jahre lang unterwegs sein könnten. Ich wollte meinen Kindern andere Kulturen zeigen und noch etwas Zeit mit ihnen verbringen, bevor mein größtes Vögelchen so flügge war, dass es seiner eigenen Wege gehen würde. Ich wollte in Kontakt mit der Natur sein und auf eine langsame, achtsame Art und Weise reisen. Alles auf dem eigenen Kiel, alles aus eigener Kraft, alles in unserem Tempo, ohne Zeitpläne, ohne Stress.

Plan B hieß: Wenn es nicht klappt,
starten wir halt sechs Monate später.

An Ostern 2019 schien alles perfekt: Meine Bücher liefen gut, die Kinder hatten erfolgreich schwimmen und segeln gelernt und ich war davon überzeugt, das richtige Schiff gefunden zu haben. Im Internet hatte ich eine 38 Fuß Hallberg-Rassy gefunden, ein Mercedes unter den Segelschiffen, mit vierzig Jahren ein schöner Oldtimer, aber bereits zwei Mal um die Welt gesegelt und mit allem ausgestattet, was mein Seglerherz begehrte. Wir verhandelten mit den Eignern, flogen zum Liegeplatz und segelten Probe – aber nach zwei Wochen auf See mussten mein Mann und ich einsehen, dass es dieses Schiff doch nicht für uns war. Wir verließen die »Freiheit« an einem Samstagmorgen schweren Herzens, aber ich stieg voller Hoffnung auf die nächste Gelegenheit in das Taxi zum Flughafen. Ich ahnte nicht, dass es für eine lange Zeit die letzte Yacht war, die ich betreten sollte. Der Herbst verging mit Arbeit und Terminen, im nächsten Frühjahr wollten wir den nächsten Versuch starten – und dann kam Corona.

Plötzlich waren wir im Lockdown, das Geschäft brach ein und ich sah, wie sich die Planung eines ganzen Jahrzehnts in wenigen Monaten in Luft auflöste. Einfach weggewischt. Plötzlich setzte uns eine weltweite Pandemie mit den bekannten Auswirkungen auf Reisen und Schifffahrt zu Hause fest. Eine Weltumseglung? Die meisten Segler, mit denen ich Kontakt hatte, hatten ihre Boote an Land aufgebockt und waren nach Hause geflogen oder sie saßen irgendwo fest. Nichts ging mehr.

»Ich will aber!«, weinte mein inneres Kind.
»Und ich werde!«, rief mein innerer
Erwachsener trotzig.

Das Gefühl, eingesperrt zu sein, wurde mit den Wochen unerträglich. Ich hatte mich so auf meinen Plan gefreut und auch ein bisschen darauf eingeschossen, dass ich nun ins Bodenlose fiel.

Was brauche ich wirklich?

Aber dann erinnerte ich mich an eine Lektion, die ich während der Vorbereitung auf meine große Reise gelernt hatte: Wir wollen immer viel. Wir wünschen uns viel. Aber was ist das, was wir wirklich brauchen? Ich wollte um die Welt segeln – aber was brauchte ich wirklich?

Dazu muss man wissen, dass ich in meinem Leben viel Zeit in der Natur verbracht habe – sei es auf dem Wasser oder in der Wildnis. Seit zehn Jahren leite ich Familiencamps, wir schlafen in Tipis und leben und arbeiten im Wald. Im Laufe der Zeit stellte ich bei meinen Teilnehmern und mir etwas Interessantes fest: Die Bedürfnisse »im Camp« waren völlig andere als zu Hause. Vieles, auf was ich zu Hause nicht verzichten konnte, brauchte ich draußen einfach nicht. Zu Hause brauche ich morgens einen Kaffee, dann News, Mails, Telefonate, konzentrierte Arbeitszeit, nachmittags Schokolade und vielleicht noch einen Kaffee und abends falle ich oft todmüde (aber zufrieden) ins Bett. Im Camp ist es völlig anders: Ich brauche keinen Kaffee, um morgens wach zu werden – die Sonne weckt mich. Ich bin den ganzen Tag von wunderbaren Menschen umgeben, habe Zeit für meine Kinder, mache einen Mittagsschlaf und halte hier und da ein Schwätzchen am Feuer – Zucker vermisse ich nie, Schokolade interessiert mich nicht, Zeitung lese ich keine. Und abends bin ich trotzdem – oder deshalb? – zufrieden, müde, ja sogar: glücklich.

Sobald ich im Stress der Zivilisation bin,
brauche ich die Drogen der Zivilisation:
Schokolade, Zucker, Kaffee, News…

Wenn ich mit meinen Teilnehmern im Camp darüber spreche, stellen wir immer wieder fest: Das, was wir wollen, ist oft gar nicht das, was wir wirklich in unserem Innersten brauchen. Wir wollen Kaffee – aber wir brauchen Schlaf. Wir wollen im Netz surfen – aber wir brauchen jemanden zum Reden. Wir wollen Schokolade – aber wir brauchen eine Umarmung.

Jetzt musste ich mich in der Corona-Krise also selbst kritisch fragen: Wofür stand mein Bedürfnis, um die Welt zu segeln? Ich wusste, was ich wollte – aber was brauchte ich wirklich? Um es herauszufinden, fing ich an, wieder jeden Morgen laufen zu gehen, eine Gewohnheit, die ich unter dem Druck ständiger Deadlines in den letzten Jahren aus den Augen verloren hatte. Und ich fragte mich jeden Morgen: Nicola, was brauchst du? Es dauerte einige Wochen – dann bekam ich erste Antworten, die einiges in Gang setzten.

DIE FAHRSTUHL-TECHNIK

Die Technik, die ich auf der Suche nach dem, was ich wirklich brauche, verwende, nenne ich Fahrstuhl-Technik – nach einer Übung der Psychologin Laura Markham. Ich »fahre« dabei mit einem Fahrstuhl vom zehnten Stock eines Gebäudes immer weiter nach unten. »Ich will segeln« ist der zehnte Stock. Was liegt darunter, im neunten Stockwerk? »Ich will frei sein.« Was liegt darunter? »Ich will keine ständigen Deadlines.« Was liegt darunter? »Ich will keine langen To-do-Listen« und so weiter. Probiere es gern aus!

Mit dem Fahrstuhl zu meinen wahren Bedürfnissen

Und so fuhr ich weiter mit meinem Fahrstuhl nach unten: Ich wollte den Wind um die Ohren haben. Ich wollte mich »nur« um ein Boot kümmern müssen. Ich wollte Zeit mit meinen Kindern, ich wollte neues Futter für mein Gehirn, neue Bilder, neue Menschen, neue Kulturen, neue Gerüche. Kurz: Zeit für … ja, wofür? Nach Dutzenden Kilometern im nordrhein-westfälischen Wald wurde mir klar, wo mein Fahrstuhl im »Keller« meines »Hauses« ankam und was ich wirklich brauchte, war erschreckend einfach:

Ich brauchte eine Pause.
Einfach nur eine Pause.

Ich hatte in den vergangenen fünf Jahren acht Bücher geschrieben, jedes Jahr fast achtzig Vorträge gehalten und unzählige Seminare durchgeführt. Ich liebte meinen Job, hatte alles gegeben, aber jetzt war ich leer. Mein Segelboot war ein Rettungsboot! Als mir das klar wurde, blieb ich abrupt im Wald stehen und atmete tief durch. Wenn das wirklich mein Problem war, dann war ich ja gar nicht von einer Weltumsegelung abhängig! Im Gegenteil. Dann lag meine Lösung nicht im Außen – sondern im Innen. Das war zugegeben keine sehr angenehme Erkenntnis. Aber sie machte mein Leben deutlich leichter. Denn von der Ohnmacht kam ich plötzlich in die Selbstwirksamkeit. Statt einem weltweiten Drama ausgeliefert zu sein, konnte ich mein eigenes Drama sehen und plötzlich wieder handeln. Wenn ich eine Pause brauchte – warum machte ich die nicht einfach?

Dies ist nur eines von unzähligen Beispielen dafür, dass auch ein Mensch, der wie ich als Coach arbeitet, immer und immer wieder ins Drama geht. Und es ist ein Beispiel dafür, wie wir oft mit einer einfachen Frage wieder in die Wirklichkeit zurückkehren können, in unsere Kraft, in unser Leben im Hier und Jetzt: Was brauche ich – wirklich? Lustigerweise liegt das Glück allzu oft gar nicht dort, wo ich es vermute.

Was braucht es für mein Glück?

Mein Leben und das Leben der meisten Menschen um mich herum ist im Grunde ziemlich in Ordnung, wenn man es so salopp sagen darf. Ich lebe in einem der sichersten, reichsten Länder der Erde. Dennoch bin ich immer wieder im Drama. Ich und die Menschen um mich herum, wir haben so viele Nöte! »Ich will ein Haus kaufen – aber ich finde keines!« »Ich werde glücklich sein, wenn ich den richtigen Mann gefunden habe!« Oder wir sind glücklich, »… wenn ich mir einen iMac leisten kann« oder »… wenn ich noch diesen einen Auftrag erledigt habe« oder »… wenn ich endlich nicht mehr in der Bank arbeiten muss und meine Yogalehrerausbildung mache« oder eben »… wenn die Corona-Krise erst vorbei ist«.
Was aber, wenn die Krise nie vorbeigeht? Werden wir dann nie wieder glücklich sein? Und warum sind trotz der völlig gleichen Situation andere Menschen einfach glücklich – wir aber nicht?

Für mich ist die Antwort klar: Ich bin immer unglücklich, wenn ich nicht weiß, was ich brauche. Wenn ich unklar bin, unrein mit mir selbst – im Drama eben.

Im Drama jage ich Ideen hinterher, statt das zu sehen, was wirklich ist. Deshalb frage ich auch in meinen Seminaren und Camps immer wieder meine Teilnehmerinnen und Teilnehmer – manchmal drei Mal am Tag: »Wie geht es dir? Und was brauchst du heute?« Genau das sind die Schlüsselfragen.

Sie bringen uns alle zurück in den jetzigen Moment. Manchmal hängen die Teilnehmer anfangs noch im Kopf: bei ihrer Anfahrt, sie mögen das Essen nicht oder sorgen sich, ob wir pünktlich Schluss machen werden – leicht lösbare Probleme. Wenn ich sie frage, was sie wirklich brauchen, können wir ganz leicht zum Kern der Sache zurückkehren.

Aber was würde ich tun, wenn meine Seminarteilnehmer zu mir sagen würden: »Was ich brauche? Ich brauche einen Privatjet!« Und es muss ja nicht so offensichtlich verrückt sein. Oft wollen wir uns einfach nur irgendwie »besser« fühlen und die anderen sollen uns dabei helfen. Aber was ist »besser«? Und wie kann jemand anders dabei helfen?

Es kann sehr unangenehm sein, wenn wir das Gefühl haben, den anderen »retten« zu müssen, der selbst gar nicht weiß, was er eigentlich braucht. Und manchmal stehe ich einer Forderung gegenüber, die ich unter Umständen niemals erfüllen kann: »Mach mich glücklich«, »Mach mich gesund«, »Sorg dafür, dass mein Partner anders ist«. Oder wenn ich Pech habe, sagt der andere: »Ich will, dass du anders bist, damit ich mich besser fühlen kann.« Aber will ich das?

Daher stelle ich oft eine zweite Frage, nämlich: »Was brauchst du, was ich dir geben kann?« »Oder was brauchst du, was die Menschen hier im Camp oder Seminar dir geben können?« So kommen wir alle wieder zurück in das, was wirklich ist – und was möglich ist.

Die Fragen »Was brauche ich wirklich?
Und was brauchst du von mir?« machen mein Leben
sehr viel leichter.

Erstaunlicherweise ist es dann oft ganz einfach, den Menschen das zu geben, was sie von mir brauchen – und wir sind alle überrascht, wie einfach es war und wie gut das tut.

Dank der Fragen »Was brauche ich wirklich? Und was brauchst du von mir?« kann ich heute auch viel sorgenfreier leben. Denn ich lebe weniger in den Köpfen der anderen, der Vergangenheit und Zukunft, sondern im Hier und Jetzt. Hier bin ich. Hier ist mein Mann. Hier sind meine Kinder. Und hier ist das Glück.

Wie lange habe ich mir in meinem Leben die Köpfe anderer Leute zerbrochen! Wie oft habe ich versucht herauszufinden, wie ich sein muss, damit es ihnen gut geht! Oder damit ich von ihnen bekomme, was ich will, damit ich nicht anecke … Jetzt frage ich einfach »Was brauchst du?« und dann sprechen wir darüber, ob ich das geben kann (und will) oder nicht.

Keine quälende Suche mehr nach dem Warum

Ich habe mit der Zeit außerdem gelernt, dass es wenig Sinn hat, nach dem »Warum« zu fragen. Warum gibt es diese Krankheit, warum die Corona-Krise, warum gerade jetzt?

Diese Frage führt oft ins Grübeln und in die Tatenlosigkeit, sie führt ins Nichts oder am Ende, wenn man Pech hat, in Drama, Ohnmacht, Depression. Ich habe gute Erfahrungen damit gemacht, lieber nach dem »Wie« zu fragen. »Wie kann ich mit der

Situation umgehen?« »Wie will ich leben, wenn diese Krise anhält?« »Wie kann ich das Beste aus der Situation machen?« Und vielleicht gehört dazu nicht so sehr das »Was kann ich tun?«, sondern mehr das »Wie kann ich sein?« – weg vom Leben im Machbarkeitswahn und hin zu uns selbst.

Das Geschenk der Dankbarkeit

Ein anderes Tool aus unseren Camps und Seminaren knüpft daran an, dass alle Menschen auch jemanden brauchen, der sieht, was sie leisten. Wir alle wollen gesehen werden. Der Satz »Ich sehe dich« aus dem Film »Avatar« ist eine der schönsten Liebeserklärungen, die ich je gesehen habe. Aber Erwachsenen reicht es oft nicht, wenn sie die Spülmaschine ausgeräumt, einen tollen Urlaub gebucht oder einen Streit geschlichtet haben, und die anderen sagen: »Ich sehe dich.« Und deshalb sagen wir: »Wofür bist du heute dankbar? Wem bist du heute dankbar und wofür?«

Das Schöne ist: Wenn wir jemandem danken, dankt er uns oft zurück – und so geht der Dank im Kreis und jeder bekommt etwas!

Auf den ersten Blick hilft es nur den anderen, wenn wir ihnen danken, aber das ist zu kurz gegriffen. In unseren Camps geben wir am letzten Tag Raum für eine Dankbarkeitsrunde: Die Frauen können ihren Männern danken, die Männer ihren Frauen, alle können der Gruppe danken für alles, was ihnen auf dem Herzen liegt, und jedem, dem sie etwas Nettes sagen wollen. Erst sind die Menschen etwas verhalten, denn es ist ein etwas ungewohntes Format. Aber wenn sie einmal angefangen haben, können sie gar nicht mehr aufhören und oft machen sie noch weiter, wenn die offizielle Zeit längst vorbei ist.

So gut wie immer entstehen dann sehr bewegende Szenen. Oft danken uns die Menschen nämlich gar nicht für das, was wir erwarten. Sie sagen nicht »Danke, dass ihr das Geschirr gespült habt«, sondern sie sagen »Danke, dass ich mich in eurer Mitte so sehr zu Hause gefühlt habe, obwohl ich euch vorher kaum kannte« oder sie sagen »Danke, dass du mir gestern zugehört hast, als ich jemandem zum Reden brauchte«. In unseren Seminaren danken wir einander manchmal einfach dafür, dass wir uns diesen Tag oder dieses Wochenende Zeit genommen haben, um miteinander ein Seminar zu machen – und wer möchte, sagt noch etwas dazu, aber das steht jedem völlig frei.

Oft haben die Menschen einander viel mehr zu danken, als sie im ersten Moment denken.

Weil wir es alle so sehr brauchen, sind wir auch bereit, es jemandem zu schenken. Und selbst nach nur zwei oder drei Tagen Seminar danken wir einander aus tiefstem Herzen. Hinterher gehen alle beseelt nach Hause, denn es ist selten, dass mir zwanzig oder dreißig Leute an nur einem Tag sagen, was ich alles gut gemacht habe, was an mir wunderbar ist und welch ein Geschenk es ist, dass sie mit mir Zeit verbringen durften.

WAS IST NOCH DA?

Wenn jetzt vieles nicht mehr möglich ist, in Zeiten von Lockdowns und Reisebeschränkungen, aber auch wenn das Business nicht mehr läuft oder die Schule nicht mehr funktioniert, dann kann es uns helfen, auf das zu schauen, was noch da ist. Und es einander zu sagen. In Dankbarkeit.

Sind wir wirklich bedroht?

Dazu muss man wissen, dass unser Gehirn eine Tendenz zum Negativen hat – es meint das nicht böse, es will uns nur schützen. Je mehr wir unter Stress stehen, je mehr also unser Mandelkern im Gehirn feuert und je mehr Adrenalin in unseren Adern fließt, desto mehr reagieren wir negativ auf alles, was wir sehen. Wir sehen »Gespenster«, wir fühlen uns bedroht, wir interpretieren alles als Angriff und verlieren unsere Leichtigkeit. Warum ist das so? Unser Gehirn kann nicht in die Welt schauen. Es kann nur messen, wie viele Stresshormone in vierundzwanzig Stunden durch unseren Körper fließen. Wenn der Level ständig hoch oder erhöht ist, geht es davon aus, dass wir uns an einem gefährlichen Ort befinden – zum Beispiel in einem Wald voller Raubtiere. Also schlussfolgert unser Gehirn, dass es klüger ist, wachsam zu sein. Ist dieses Rascheln ein Puma? Unser Gehirn sagt sich: Wir sind sicherer, wenn wir alles erst mal negativ interpretieren, auch wenn das Rascheln am Ende doch nur ein Eichhörnchen war. Lieber vorbereitet sein. In unserem täglichen Leben sind wir in der Regel gar nicht in Lebensgefahr und unsere negative Sichtweise der Dinge – oder noch schlimmer: unsere negative Sicht der Menschen um uns herum – macht uns das Leben schwer. Daher tun wir gut daran, unserem Gehirn immer wieder, am besten einmal am Tag, zu sagen, was alles gut ist an unserem Leben, wofür wir dankbar sind und was uns guttut. Dann »schaut« es positiver in die Welt!

Und damit sind wir wieder am Ausgangspunkt dieses Glücksbausteins: Das, was wir brauchen, liegt oft ganz nah. Ich erinnere mich an einen Mann, der einmal größte Probleme damit hatte, dass er seine intelligente Uhr nicht mit zu uns ins Camp nehmen konnte. Wir verbieten so etwas nicht, aber ich legte es ihm nahe und er wollte es versuchen. Doch abgeschnitten zu sein von seinen E-Mails, Terminen, Notizen und Nachrichten, das erschien ihm fast unaushaltbar. Doch nach nur einer Woche sagte er, dass er sich nicht beschränkt, sondern befreit fühlte. Denn er hatte das gefunden, was er eigentlich brauchte. Für ihn war das: Zeit mit seinen Kindern, Kontakt zu seiner Frau, intensive Gespräche mit anderen Männern abends am Feuer.

Seine Uhr vermisste er nicht einen Moment – diese Zeit der Ruhe vermisste er nach dem Camp hingegen sehr.

Menschen brauchen vor allem Kontakt mit anderen Menschen. Das fängt mit unseren Babys an: Sie würden sich kein eigenes Zimmer wünschen, sie schlafen sicherer und lieber bei ihren Eltern. Kleinkinder brauchen jemanden, der mit ihnen Marienkäfer anschaut und ihnen antwortet, wenn sie etwas fragen – sie brauchen keine elektronischen Babysitter, sondern uns. Auch Teenager brauchen Kontakt, sie verweigern ihn oft oder suchen ihn bei ihrer Peergroup, die jetzt wichtiger wird. Aber als feste Basis kann nichts die Familie ersetzen.

Und was brauche ich?

Die Corona-Krise hat mich gelehrt, dass auch ich mir diese Frage immer wieder stellen muss: »Nicola, wenn du mal aus deinem »Ich will aber!«-Drama herauskommst, was brauchst du?« Für mich war die Antwort erschreckend einfach. Und sie zeigte mir: Ich werde weder meine eigene Gesundheit noch die anderer für eine fixe Idee aufs Spiel setzen. Denn es heißt auch: »Der Gesunde hat viele Wünsche, der Kranke nur einen.«

Seit mir das klar wurde, frage ich auch in meinen Seminaren, Workshops und Vorträgen wieder bewusster meine Zuhörer: Und was brauchen Sie? Die Antworten sind immer wieder verblüffend und helfen uns, unser Leben in die Hand zu nehmen.

Nicola Schmidt ist Politologin und Wissenschaftsjournalistin sowie eine der radikalsten Denkerinnen der aktuellen Erziehungsdebatte. Als international gefragte Referentin bildet sie auch pädagogisches Fachpersonal aus. Mit ihrem 2019 veröffentlichten Bestseller »Erziehen ohne Schimpfen« positionierte sie sich in den Medien endgültig als Deutschlands Expertin für Erziehungsfragen auf der Schnittstelle zwischen Entwicklungspsychologie, Nachhaltigkeit und Politik. www.nicolaschmidt.de

DIE FÜNF BEREICHE DES GLÜCKS

Fünf große Bereiche des Glücks konnten wir ausmachen. Wenn diese fünf Bereiche in Balance sind und wir das Gefühl haben, in jedem Bereich gut aufgestellt zu sein, dann empfinden wir eine tiefe Glückseligkeit. Wir sind in einer Art »Flow-Zustand«. Alles fließt und wir können souverän und flexibel auf die Herausforderungen des Lebens antworten. Wir fühlen uns als Erschaffer unserer Realität und nicht als Opfer der Umstände. Unser Weg zum Glück ist ein Kontinuum. Es ist ein beständiges und achtsames Hinwenden zum eigenen Selbst, zum tiefsten Urgrund unserer Seele. Wir wollen ergründen, wer wir *wirklich* sind. Immer wieder stellen wir uns die gleichen Fragen:

* Warum bin ich hier?
* Was macht mich glücklich?
* Was bringt mein Herz zum Singen?
* Was will ich wirklich?

Schauen wir uns also die fünf Bereiche, auf die es ankommt, genauer an. Denn glücklich ist der Mensch, der sich und seine Bedürfnisse sehr gut kennt und sie dennoch immer wieder neu hinterfragt, um sein Leben authentisch zu leben. Wahres Glücksgefühl stellt sich dann ein, wenn wir vollkommen mit uns selbst und der Welt im Einklang sind. »Glück: der Zustand des still lachenden Eins-Seins mit der Welt«, schrieb auch schon Hermann Hesse.

Glück ist Lebensfreude

Lache! Liebe! Lebe! Im Grunde genommen könnte man alle
Glückssucher auf der Welt auf diese drei Wörter verweisen.
Sie erinnern an das lebendige, das juchzende, jubelnde Selbst.
Das Ich, das »einfach so« im Hier und Jetzt lebt.
Lebensfreude erzeugen wir selbst und sie fließt in alle Lebensbereiche mit ein. Wir sind als Gestalter geboren. Tiefe Freude
entsteht, wenn wir unser Leben mitgestalten. Wenn unserer Krea-
tivität freier Raum gelassen wird. Das Gehirn hat eine eingebaute
»Zwangsverwirklichung« – es will unbedingt immer weiter lernen
und lernen. Das ist von der Evolution so bestimmt. Glücklicher-
weise kann das Gehirn tatsächlich bis ins hohe Alter weiter wachsen und lernen (Gerald Hüther sprach am Anfang dieses Buches
von der Neuroplastizität, vom neuroplastischen Potenzial unseres
Gehirns). Es bilden sich lebenslang Verknüpfungen zwischen den
Neuronen, um neue Erfahrungen einzubauen.
Wir brauchen und wünschen ununterbrochen neue Inspiration und
Impulse. Die Evolution in uns ist gierig auf das Neue und diese
Neugier treibt uns an. Sobald wir etwas Neues gefunden haben,
was uns begeistert, sprühen wir vor Energie und Lebensfreude.

Glück ist innerer Frieden

Harmonie zu erlangen und im Reinen mit sich und der Welt zu
sein ist ein sehr starkes, uns allen innewohnendes Bedürfnis. Der
ständige Aufruhr im Außen erschöpft uns, wir wollen das Gefühl
von Ruhe in unser Leben bringen. Besonders wenn wir schon eine
Lebensstrecke gegangen sind, fällt uns die Sinnlosigkeit all der
Kämpfe und Streitigkeiten besonders auf. Innerer Frieden setzt
eine gewisse Reife voraus und auch Lebensweisheit. Erst mit

etwas Lebenserfahrung können wir Stürme friedvoll und gelassen vorbeiziehen lassen. Das ist natürlich nicht einfach! Der Alltag scheint dafür gemacht zu sein, dass wir uns ständig aufreiben und »triggern« lassen. Um kein Drama entstehen zu lassen und den inneren Frieden zu wahren, helfen diese vier Regeln sehr gut:

* Nimm nichts persönlich.
* Interpretiere nicht.
* Ziehe keine voreiligen Schlüsse.
* Frage dich: Was würde die Liebe jetzt tun?

Glück ist erfüllte Beziehungen

Nichts auf der Welt ist so wundervoll, so heilsam, so Herzensräume öffnend wie unsere Verbundenheit zu unseren Lieblingsmenschen. Und nichts ist so schmerzhaft und zerschmetternd wie die Abwesenheit von liebevollen Beziehungen. Der Austausch zwischen uns und unserem Umfeld ist überlebensnotwendig und essenziell. Nur wenn wir das Gefühl haben, geliebt zu werden, so wie wir sind, dann entsteht Beseeltheit. Wir sind zu Hause angekommen. Ein Mensch, der keine Liebe erfährt, wird sein ganzes Leben lang danach suchen. Wenn es dir gerade an erfüllten Beziehungen mangeln sollte, kannst du auch mit der Beziehung zu dir selbst beginnen und lernen, in die Selbstliebe zu kommen. Wahre Selbstliebe hat nichts mit Egoismus, Egozentrik, Narzissmus oder Eitelkeit zu tun. Sie hat hingegen sehr viel mit Selbstannahme, Selbstrespekt, Selbstvertrauen und Selbstbewusstsein zu tun. Sich selbst auf allen Ebenen bedingungslos zu lieben ist eine lebenslange Übung – und eine Voraussetzung, um auch andere Menschen bedingungslos lieben und erfüllte Beziehungen gestalten zu können.

Glück ist Wohlstand

Das gilt im wahrsten Sinne des Wortes. Wohl-stand. Wir wollen gut stehen im Leben, wir brauchen ein Gefühl der Sicherheit. Es soll uns wohlergehen – und das ist nicht zwingend mit dem Thema Geld gekoppelt. Natürlich brauchen wir eine gewisse Summe Geldes, um eine Basis der finanziellen Sicherheit zu haben. Aber wie mehrere Studien der Glücksforschung herausgefunden haben, steigt unsere Glücksfähigkeit ab einem gewissen Einkommen nicht mehr an.

Ein reiches Leben ist ein Leben
reich an Erfahrungen
und Begegnungen.

In diesen Bereich des Wohlstandes gehört auch das Gefühl der Fülle, der Bereicherung. Wir wollen die Welt in ihrer ganzen Fülle und mit allen Sinnen erfahren. Das unendliche Feld der Möglichkeiten will erkundet werden.
Es geht auch darum, eine Brücke zwischen innerem und äußerem Reichtum zu schlagen. Auf die Frage nach dem inneren Reichtum, die wir bei unseren Seminaren gern stellen, können alle Teilnehmer mehrere Seiten vollschreiben. Aber wenn es darum geht, den äußeren Reichtum zu benennen, passen die Antworten auf ein kleines Blatt Papier. Genau in diesem Bereich liegt bei den meisten eine Disbalance vor. Als ob wir uns schämen würden, unseren inneren Reichtum auch in äußeren Reichtum umsetzen zu wollen. Wie ist das bei dir?

Glück ist Autonomie

Glücklich macht es uns auch, Selbstkontrolle über das eigene Leben zu haben. Die persönliche Freiheit, selbstbestimmt leben zu können. Das Gehirn will vor allem zwei Dinge: dass wir autonom sind und dass wir gestalten. Der Mensch will sein Leben frei nach seinen Wünschen formen. Dieses Bedürfnis nach Eigenständigkeit befähigt den jungen Erwachsenen, sein Elternhaus zu verlassen und auf eigenen Füßen zu stehen. Und es lässt uns immer wieder Neues wagen – voller Euphorie und Entdeckerlust.
Da stellt sich die Frage: Bist du in deinem Leben eher selbstständig oder doch eher abhängig? Kannst du über dein Leben in allen Bereichen eigenständig und frei bestimmen? Wenn nicht, ist diese Feststellung vielleicht ein guter Anfang, um dein Leben in die eigenen Hände zu nehmen und dadurch deutlich glücklicher und freier zu werden.

Weitere Glücksfaktoren aus unserer Schatzkiste

Wenn wir uns all das vergegenwärtigen, was uns unsere Glücksbringer & Glücksexperten in diesem Buch nahegebracht haben, kann es kein Zögern mehr geben: Lass uns ganz viele Glückshormone ausschütten und auf das Positive schauen! Lass uns all die Wege zum Glück aktiv nutzen und optimistisch sein!
Studien belegen, dass Optimisten länger leben als Pessimisten. Die Forscher fanden außerdem heraus, dass Optimisten ihre Emotionen und ihr Verhalten besser steuern können und resilienter in Stresssituationen reagieren. Und was passiert, wenn man das alles kann? Man wird umso glücklicher und der Optimismus mehrt sich weiter. Für uns lässt das nur ein Fazit zu: Jaaaaa, das Leben ist wundervoll! Jaaaaa, es ist ein Geschenk, am Leben zu sein!

Glück ist natürlich noch so viel mehr, als wir es hier beschreiben können. Glück ist auch eine Frage der Sichtweise. Schon morgens beim Aufstehen spüren wir, ob wir die Welt eher als mühsam empfinden, voller Ballast, der weggeschaufelt werden muss, voll von Mitmenschen, vor denen man sich in Acht nehmen muss – oder ob wir voller Tatendrang aus dem Bett hüpfen, bereit, den neuen Tag mit offenen Armen zu empfangen.

Sagst du Ja zum Leben?

Glück ist damit immer auch eine aktive Handlung. Die Reise zum Glücklichsein fängt damit an, dass wir uns entscheiden, den ersten Schritt zu gehen. Dass wir uns ein Herz fassen, um uns ins Unbekannte hineinzubewegen. Voller Mut, dem Leben mit all seinen Facetten zu begegnen.

»Es gibt keinen Weg zum Glück.
Glücklich zu sein ist der Weg.«
Buddha

Glück ist, Altes loszulassen zu können. Es ist die Bereitschaft, innerlich frei zu werden von alten Konditionierungen unserer Kindheit, unserer Erziehung und der Erwartungshaltung der Gesellschaft. Mach daher so oft es geht »seelischen Hausputz« und komm deinen hinderlichen Überzeugungen auf die Spur. Viele Beiträge in diesem Buch zeigen dir, wie es geht.

Glück ist Hingabe, Glück ist Vertrauen. Wir alle haben schmerzliche Erfahrungen gemacht. De facto haben wir ein eingebautes Schutzprogramm – unseren Verstand –, der uns unter allen

Umständen davor bewahren will, (erneut) verletzt zu werden. Der Verstand ist der große Bruder der Kontrolle, weswegen es uns so schwerfällt, Vertrauen zu fassen und uns hinzugeben. Aber ohne Vertrauen ins Leben können wir uns kaum in Richtung Leichtigkeit und Glück begeben. Lass uns daher zum Abschluss noch vier Bereiche beleuchten, in denen du aktiv werden kannst: aktiv für Vertrauen, Hingabe und damit für dein Glück.

Glück ist Dankbarkeit

Dankbarkeit ist aufrichtige Wertschätzung gegenüber etwas, das dich glücklich macht, das dich von innen heraus zum Leuchten bringt. Dabei spielt es keine Rolle, ob es sich um die neue Wohnung, den neuen Job, ein freundliches Lächeln oder eine herzliche Umarmung handelt, um eine schöne Blume am Wegrand oder einen Regenbogen.
Außerdem musst du nicht immer nur jemand anderem oder einer höheren Macht dankbar sein. Sei auch ruhig dir selbst dankbar – deinem Körper zum Beispiel, deinen Beinen, deinen Augen. Sei dankbar, dass du dir Zeit für dich nimmst.
Dankbarkeit hilft dir:

* glücklicher zu werden,
* dich lebendiger zu fühlen,
* Situationen und Menschen anzuziehen, die dich glücklich machen, also immer mehr Positives zu erleben,
* besser zu schlafen und
* dein Immunsystem zu stärken.

DEIN DANKBARKEITSTAGEBUCH

Als man den Begründer der Positiven Psychologie Martin Seligmann zum Schluss eines Kongresses fragte, was seiner Meinung nach das wichtigste Tool sei, um ein positives Leben zu führen, sagte er: Führt ein Dankbarkeitstagebuch.

Das legen auch wir dir ans Herz: Führe ein Tagebuch, in das du jeden Tag mindestens fünf Dinge schreibst, für die du heute dankbar bist. Nimm dir wirklich jeden Abend Zeit dafür und beobachte, was das mit deinem Lebensgefühl macht. Lies auch ab und zu in diesem Glückstagebuch.

Glück ist, sich verzücken zu lassen

Ein zauberhafter Moment purer Reinheit ist ein Moment der Verzückung. Wir erleben ihn wie Kinder. Staunende Augen, offener Mund und eine fast heilige Verklärtheit. In so einem Augenblick steht die Zeit für uns still.

Kindern geschehen sie einfach so. Für uns Erwachsene ist es eine kleine Herausforderung, solche Momente wahrzunehmen – oder sie aktiv für uns zu gestalten.

Als ich (Michaela) mit einem meiner besten Freunde gleichen Alters am Strand spazieren ging und er voller Glück lauter Steine sammelte, um später daraus ein Kunstwerk zu gestalten, war ich von seinem inneren kleinen Jungen verzaubert. Sein inneres Kind sprang barfuß zwischen den Wellen herum, wusch die Steine, hielt sie in die Sonne, um sie zu bestaunen, und beulte die Taschen seiner Hose durch ihr Gewicht vollkommen aus. Er war verzückt – und glücklich. In diesem Moment versprach ich mir selbst, auch mich noch mehr vom Leben entzücken zu lassen.

Glück ist wieder-holbar

Wir alle haben in unserem Leben viele Glücksmomente erlebt. Auch wenn manche davon weit in der Vergangenheit zurückliegen, sind diese Glücksmomente sofort wieder für uns parat, wenn wir uns an sie erinnern. Sie fühlen sich wie Geschenke an, die man jederzeit erneut auspacken kann. So wie in der folgenden Anregung.

WIEDER HINAUF MIT DER STIMMUNG!

Sobald du dich in einem mentalen Loch befindest, kannst du die folgende kleine Übung machen: Schreib alle Glücksmomente auf, die dir einfallen. Fühl dich dabei ganz intensiv in jedes positive Erlebnis noch einmal hinein. Stell dir die Momente vor deinem geistigen Auge so bildlich wie möglich vor und spüre, wie sich dein Herz durch das aktive Erinnern öffnet, wie es dir warm wird, wie du sogar zu lächeln beginnst. Bewahre dieses schöne Gefühl und nimm es mit in deinen weiteren Alltag hinein. Vielleicht steckst du auch deine Lieblingsmenschen damit an.

Glück ist Altruismus

Lange wurde Altruismus als Mythos abgetan. Die Evolutionsbiologen waren sich einig, dass die Lebewesen ein »Egoismus-Gen« haben, das nur den Stärksten das Überleben sichert. Doch der Mensch ist von seiner Veranlagung her keineswegs egoistisch. Schauen wir nur mal den Hirnforschern über die Schulter. Was passiert denn im Gehirn, wenn wir uns altruistisch verhalten?

An der University of Oregon führte ein Forscherteam eine Studie zur Auswirkung von Spenden auf unser Gehirn durch. Mit einem bildgebenden Verfahren wurde die Hirnaktivität von neunzehn Studenten gemessen. Jeder von ihnen bekam einhundert Dollar mit der Erklärung, dass sie dieses Geld spenden sollten. Die Forscher waren erstaunt! Es wurden die gleichen Areale im Gehirn aktiv – sowohl als die Studenten erfuhren, dass sie Geld bekommen würden, als auch, als sie es aktiv spendeten. Beide Male wurde das Belohnungszentrum im Gehirn aktiviert. Dieses Zentrum spielt für unser instinktives Verhalten eine große Rolle. Aus dieser Studie – und zahlreichen weiteren – kann man schließen, dass altruistisches Verhalten ganz natürlich ist. Und das erleben wir ja auch selbst im Alltag. Zu anderen großzügig und liebevoll zu sein macht uns glücklich. Es fühlt sich gut an – und nebenbei wird man damit auch noch beliebter und erfolgreicher.

Wie wir glücklich werden können: Ein Plädoyer für eine strahlende Zukunft

Wir sind Liebende!
Lieben wollen wir – und geliebt werden. Bedingungslos.
Wir wollen unter allen Umständen Liebe geben und empfangen.
Jede Zelle unseres Seins strebt nach Liebe – nur mit ihr sind wir wirklich glücklich. Wenn es uns gelingt, mehr Liebe für uns selbst und unsere Mitmenschen zu empfinden, dann schaffen wir es, das vorherrschende Bewusstsein der Trennung in ein kollektives Bewusstsein der Verbundenheit zu wandeln.
Wie das geschehen soll? Durch Mitgefühl. Ein Gefühl für seine Mitmenschen zu empfinden ist der erste Schritt zur Heilung der kollektiven Wunde des Getrenntseins.

Mitgefühl ist gelebte Nächstenliebe.

Selbstmitgefühl ist der erste Schritt zur Selbstliebe.

Unsere gemeinsame Zukunft wird in jedem Augenblick von jedem und jeder Einzelnen von uns gestaltet. Wir alle bewohnen nicht nur ein gemeinsames Zuhause, sondern wir teilen auch alle die ziemlich ähnlichen Erfahrungen des Lebens. Wir alle gehen durch die ganze Vielfalt an Emotionen hindurch und erfahren den Kreislauf von Werden und Vergehen. All das erfasst uns alle einfach nur zu unterschiedlichen Zeitpunkten. Jedes Individuum hat himmelhochjauchzendes Glück erlebt und niederschmetternde Schicksalsschläge.

Als man Kinder eines Kindergartens bat, ihre Wünsche aufzumalen, hat die überragende Mehrheit das gleiche Thema gewählt: die Erde in Frieden und Harmonie und alle Menschen – unterschiedlichster Farben, Größen und Geschlechter – Hand in Hand eine lange Kette bildend. Das, was wir wirklich wollen ist: Einheit, Frieden und Liebe zwischen allen Lebewesen.

Es gibt dafür noch ein bisschen was zu tun – lass es uns gemeinsam und in Freude gestalten.

Erlaube dir, zu lieben und glücklich zu sein!

Deine Michaela & dein Pierre

———————— ✳ ————————

Der Ursprung allen Leidens und allen Glücks ist die Abwesenheit oder die Anwesenheit von Liebe.

Impressum

© 2021 GRÄFE UND UNZER VERLAG GmbH, München

Alle Rechte vorbehalten. Nachdruck, auch auszugsweise, sowie Verbreitung durch Bild, Funk, Fernsehen und Internet, durch fotomechanische Wiedergabe, Tonträger und Datenverarbeitungssysteme jeder Art nur mit schriftlicher Genehmigung des Verlages.

Projektleitung:
Anja Schmidt

Lektorat: Diane Zilliges

Umschlaggestaltung und Layout: independent Medien-Design, Horst Moser, München

Coverillustration:
Panthermedia / Phil Morley

Autorenfotos: Michaela Merten & Pierre Franckh: Verena Tilg; Katharina Tempel: Konrad Tempel; Gerald Hüther: www.gerald-huether.de; Martina Leibovici-Mühlberger: Matthieu Munoz; Nicola Schmidt: Nathalie Menke; Robert Betz: Katharina Kraus; Julia Engelmann: Marta Urbanelis; Susan Sideropoulos: Stefan Klüter; Thomas Brezina: Lukas Beck; Dami Charf: M. Merkel; Stefanie Stahl: Roswitha Kaster, Laura Malina Seiler: Farina Deutschmann; Eva-Maria und Annalena Zurhost: privat; Illustration Seite 181: Julia Franckh

Herstellung:
Susanne Fuhrmann

Satz:
Uhl & Massopust, Aalen

Repro: Longo AG, Bozen

Druck & Bindung: DZS Grafik, Slowenien

Wir bedanken uns für die Abdruckgenehmigung für den Text »Stilles Glück« aus: Julia Engelmann, *Keine Ahnung, ob das Liebe ist* © 2018 Wilhelm Goldmann Verlag, München, in der Penguin Random House Verlagsgruppe GmbH

ISBN 978-3-8338-7855-8

1. Auflage 2021

Syndication:
www.seasons.agency

 www.facebook.com/gu.verlag

GRÄFE UND UNZER

Ein Unternehmen der
GANSKE VERLAGSGRUPPE